SIN GANAS DE VIVIR

LA DEPRESIÓN Y EL SUICIDIO

MI HISTORIA CON LA ESCLEROSIS MÚLTIPLE

Luis Díaz

Publicado por Ibukku, LLC
www.ibukku.com
Corrección: Robero Córdova Magallanes
Diseño y maquetación: Diana Patricia González J.
Diseño de portada: Ángel Flores Guerra B.
Copyright © 2023 Luis Díaz
ISBN Paperback: 978-1-68574-617-9
ISBN Hardcover: 978-1-68574-619-3
ISBN eBook: 978-1-68574-618-6

Índice

PREFACIO

En un caluroso verano de 2022, saliendo de una pandemia que puso en jaque al mundo, que nos hizo cambiar de perspectiva y no asumir que tenemos la vida asegurada, que algo tan pequeño como un virus puede acabar con la humanidad. En ese día, donde las gotas de sudor corrían por mi frente hasta depositarse en mis mejillas, estaba con mi amiga, que tenía que hacer un trabajo y me pidió que la ayudara. Tenía que limpiar una casa y así lo hicimos, con la promesa de que después iríamos a la playa. Inmediatamente nos repartimos las partes de la casa; ella tomó las más difíciles, como el baño, la cocina y la sala. Yo, en cambio, tomé las recámaras de sus hijos, que ya habían crecido, se habían casado y mudado del lugar.

Mientras limpiaba el cuarto que, al parecer, era de su hijo mayor, el único varón —las otras eran féminas—, mi amiga me contó que lo habían diagnosticado con una rara condición conocida como esclerosis múltiple. A pesar de que el nombre podría ser muy intimidante y que algunos famosos que la tienen se ven muy afectados, el hijo del jefe de mi amiga no se veía tan afectado. Solo el brillo de sus ojos había desaparecido, a lo que ella me contaba. En su cuarto tenía muchos libros, comencé a quitarle el polvo a los mismos. Tenía libros en inglés, libros en español, autores como Paulo Coelho, Walter Riso, James Bowen, Robert Greene, Dr. Daniel Goleman, La Biblia y… un minuto, un libro que más que un libro parece un diario improvisado, tenía como título: Sin ganas de vivir, la depresión y el suicidio, mi vida con la esclerosis múltiple. De momento lo solté por la impresión, se me puso la piel de gallina.

Aquí lo que encontré en esas notas:

PRIMER DÍA. 14 de marzo de 2014

ROBIN WILLIAMS

CHESTER BENNINGTON

MAC MILLER

Hoy recuerdo las palabras que alguna vez leí de Amado Nervo, si no mal recuerdo; «…estas palabras serán las últimas que escribiré…», en este diario improvisado que servirá para expresar mis emociones. Emociones que hoy me están matando, a mis casi 40 años, me he casado pero mi matrimonio es un infierno, no tengo hijos y siento que mi vida se me escapa de las manos, pero no siempre fue así. En mi juventud, fui una persona enérgica, novias en la escuela no me faltaban… y las mejores, jovencitas, por esta razón fui muy popular en la escuela. A las jovencitas les agradaba que fuera popular entre los chicos, sin saber que lo era por ellas.

¿Qué pasó a lo largo de esta existencia que llamamos vida?, ¿perdí el sentido? ¿Será la enfermedad? Apenas cumplí mis 30 años fui diagnosticado con una terrible enfermedad conocida como esclerosis múltiple, cuyos síntomas más comunes son la depresión y ansiedad.

A todo lo que afecta nuestra vida lo llamamos enfermedad, y así buscamos la salida fácil: una pastilla o cualquier otro medicamento. Pero no creo que una pastilla le dé significado a mi vida. En la escuela tenía un amigo al cual admiraba mucho, se llamaba Ricardo. Era bueno para los deportes, por consiguiente, era atleta y fornido, características que le gustaban mucho a las chicas de la escuela. Sin embargo, eso no le parecía importar, tenía una sola novia y solo con ella estuvo por años. A pesar de ser popular en la escuela, a sus amigos no les faltaba un saludo y un abrazo por la mañana. Era humilde, lo que lo hacía grande entre sus amigos, así con todos, menos con las féminas; tal vez su novia no lo dejaba, algo totalmente entendible.

Tenía muy buenas calificaciones en la escuela, no solo era atlético, sino también inteligente, el paquete completo para cualquier chica con un cociente intelectual promedio. Lo menciono porque siempre está la chica a la que le gusta el hombre malo, que la maltrate, que no sea detallista, ni romántico.

Parece que hoy eso está de moda, hoy a las jóvenes les atrae el joven que no tiene futuro, aquel que le va a hacer siete hijos y se va con la primera golfa que encuentre en la cantina más cercana. Ricardo no era así, tenía aspiraciones, sueños, metas, quería ser alguien en la vida. Él provenía del mismo barrio que este servidor. Un barrio lleno de grafitis, drogas, putas y violencia. No sé qué era más fácil conseguir, putas o drogas. Creo que las drogas eran más costosas, por lo tanto, las putas eran más fáciles de conseguir. Tal vez esté siendo un poco duro con el tipo de adjetivo que utilizo para describir a este tipo de mujeres, pero no es a ella a la que describo, sino su comportamiento.

A pesar de tener toda esta influencia negativa, él no se dejó distraer con nada de eso. La vida parecía sonreírle, se graduó con las mejores calificaciones, así que no tardó en conseguir un muy buen trabajo en un banco, en el área administrativa. Había estudiado contabilidad. Se casó con su novia de toda la juventud, ahora esposa. Compró una casa y tan pronto como la amuebló, tuvo un hijo. De seguro el orgullo de su madre, ahora rey de su hogar.

No provenía de una familia disfuncional como la mía. Nunca supe quién era mi papá. Tuve muchas hermanas que sí conocieron a su papá, mi padrastro. Era mujeriego, siempre que tenía oportunidad golpeaba a mi mamá. Un día mi madre por fin lo dejó, cuando lo sorprendió engañándola con su mejor amiga. No tenía la imagen de un padre, por lo menos, no de un buen padre. Lo que tenía era el peor ejemplo de lo que era un hombre. Eventualmente mis hermanas crecieron y tuvieron ese mismo patrón: estar con hombres agresivos y mujeriegos, que perdonaban incondicionalmente, porque es lo que «debe de hacer una buena esposa y buena madre». No soy psicólogo, pero ¿de quién habrán adquirido esa conducta? Con ese ejemplo las madres hacen más mal que bien, creando cadenas que, en ocasiones, son difíciles de romper, y los hijos son los que pagan las consecuencias.

La familia de Ricardo no era así, por lo menos no a simple vista, no se les veía discutiendo en la calle, al menos tenía un papá. No me malinterpreten, estoy orgulloso de mi mamá, fue madre y padre a la vez, creo que es una tarea muy difícil. Nadie escoge las circunstancias que le toca vivir. De lo que no me siento orgulloso es de mí. Me pregunto cuáles fueron las circunstancias que llevaron a mi mamá a esa situación.

Pero sigamos hablando de Ricardo, sus padres nunca tuvieron una discusión de la cual hablaron los vecinos. Nadie sabía lo que pasaba tras los bastidores. El silencio era su único testigo. Lo que sí fue una historia a altas voces fue el suicidio de Ricardo. Como un baño de agua fría nos empapó a todos. Todos pensábamos que el matrimonio, familia y trabajo iban bien, por lo menos eso era lo que se veía desde afuera. Era contable de un banco prestigioso y de renombre. En términos de dinero parecía que le iba muy bien. Había comprado una casa en una muy buena comunidad, acababan de tener un hijo, un hermoso primogénito. Nadie, pero nadie, se podía imaginar que le iba mal, para nada.

Se podía pensar y especular que tal vez atrapó a su esposa con otro. Esa hipótesis no tardó en propagarse por el barrio, solo el tiempo la podría confirmar o desmentir, y así fue. Con el tiempo su esposa, ahora viuda, comenzó a hablar. Contó que ese fatídico día vio a Ricardo algo extraño, mudo, como si algo le preocupara sobremanera. Ella sabía que el trabajo en el banco podía ser estresante, los jefes querían que los números coincidieran a como diera lugar. Pero ella no sabía con claridad por qué él no hablaba de sus problemas, que debieron ser también los de ella. Los problemas de Ricardo eran un misterio. Ella sabía porque él le había contado que, en una cena directiva del banco, se enteró de que sus jefes estaban haciendo cosas que para nada le parecían correctas. Pero creo que eso no es nuevo, porque siempre los bancos, de una u otra manera, han robado. Además, no creo que eso haya sido razón suficiente para quitarse la vida.

Ella prosiguió con su relato: «... al verlo tan nervioso y preocupado, le dije que habláramos. Fuimos a la recámara, me senté en sus piernas, le puse mi brazo alrededor de su cuello, nos besamos apasionadamente». En su cuarto tenía un balcón y como hacía calor ella le pidió que salieran a tomar aire fresco. Mientras ella caminaba en dirección al mismo, Ricardo tomó una 9 milímetros que tenía para defensa, en caso de que algún intruso entrara a la casa, y se dio un disparo en la cabeza, acabó con su vida en el acto.

El matrimonio de ellos era tal vez algo distinto y único. Dicen que tienes que encontrar a tu media naranja, que se podría interpretar que tienes que encontrar a alguien igual a ti, con tus mismos intereses, que en lo personal creo que sería aburrido. Podrías interpretarlo también como que tienes que encontrar a alguien diferente a ti, que te pueda complementar. Y así eran ellos, diferentes en su forma de pensar, pero 100 por ciento compatibles a la hora de amar. En el tema de las armas tenían una manera muy diferente de pensar. Ella pensaba que no debería haber un arma en el hogar. Él pensaba que debía tener un arma para proteger a la familia, era su derecho constitucional. Al final, ella pareció tener la razón. ¿Quién hubiera imaginado que él adquiriría el vehículo para su propio fin? El tema hoy día se ha politizado mucho. Pero, para ellos no parecía afectar tanto. Seguirá siendo un misterio saber por qué se quitó la vida. Con el tiempo, a su viuda no se le conoció ningún amante o pretendiente, y fue muy vigilada por los elementos de vigilancia de la comunidad, llamados por algunos como chismosas, muy fieles en términos de propagar información sin importar su veracidad.

Lo único que parecía ser de preocupación era la acción sospechosa y nebulosa en el trabajo, pero tal acción no era ejecutada por él, sino por sus jefes. No debería de haber ningún cargo de conciencia, ni tampoco era razón para quitarse la vida. Pero para una persona con depresión, ¿tendría que haber razones para quitarse la vida?

En mi caso, yo era un joven muy alegre, positivo, con muchas novias, algunas coincidieron en tiempo y espacio, en fin, lo que quiero decir es que era atractivo. Luego llegó la esclerosis múltiple y eso cambió las reglas del juego. Antes de ser diagnosticado con la condición ya me sentía deprimido y ansioso. Recuerdo una ocasión que estaba en mi trabajo, sentado en el estudio de radio y comencé a sentirme preocupado, sin razón aparente. Todo estaba bien, como con Ricardo, pero esa sensación de miedo era horrible, quería dejar de sentir esa emoción y no sabía qué hacer. Cuando manejaba a mi casa tenía que tomar un *freeway* (autopista) que pasaba por encima de unos árboles y demás y pensaba: «si me lanzo por este precipicio, se acababa mi miedo». Pero, además pensé: «con la mala suerte que tengo, no muero y quedo malherido… y sin carro», desistí de la idea. Este pensamiento lo comenté a mi neurólogo e inmediatamente me recetó medicamentos para la depresión. Aquí en los Estados Unidos ante cualquier problema se recetan medicamentos y así creamos una sociedad adicta a la farmacéutica.

Seguía pensando: «*¿Cuántas personas necesitan verdaderamente una razón real para quitarse la vida?*», e inevitablemente llega a mi mente la historia del vocalista de la banda Linkin Park, grupo que tanto me gustaba. Chester Bennington era su nombre, y la pregunta casi obligatoria que todos se hacían y que yo mismo me hice: «*¿Por qué una persona que aparentemente lo tiene todo se quita la vida?*». La música de la banda se escucha alrededor de todo el mundo.

Chester, al igual que muchos, estaba luchando con la depresión. Me imagino que también estaba tomando medicamentos que no funcionaron y por tal razón los dejó de tomar, desconozco ese detalle. Era una banda de renombre a nivel internacional, que asumo que tenía dinero, una esposa hermosa, viviendo su sueño y aun así opta por quitarse la vida. «¿Por qué? Yo no voy a hacerlo, creo». Una de las estrategias para vencer la depresión es mantenerse ocupado en alguna actividad, mantener tu mente activa. Pero Chester estaba superocupado, apenas estaban por comenzar una gira en Europa, tenían sesión de fotos y todo lo que conlleva la misma. Me imagino que era su pasión, por la manera en que cantaba. A mí siempre me ha gustado leer, así que leí la historia de Chester.

Él fue abusado por un amigo, no sé si a eso se le puede llamar amigo, le obligó a hacer cosas que él no quería, lo que de seguro destruyó su confianza en sí mismo y su autoestima. En una entrevista había dicho: «Me cuesta mucho la vida». ¿Cómo una persona que está en el tope de su carrera decide quitarse la vida? La realidad dentro de todo esto es que cuando uno tiene depresión y/o ansiedad lo único que quiere es detener ese sentimiento. Chester estaba en la cima y según sus allegados más cercanos se sentía bien. Podemos especular y asumir que, en un momento de debilidad, de inmenso sufrimiento optó por esa fatídica opción.

Cuando recuerdo a Ricardo, pienso en las similitudes, él aparentemente se sentía bien; ninguno de sus amigos, incluyéndome, lo vio venir, solo vimos los problemas habituales del matrimonio, que no deberían ser razones para quitarse la vida. Segundos, segundos, son la diferencia entre sentirse bien y tomar la decisión de quitarte la vida sin importar en todo el daño que puedas hacer a tus seres queridos, ellos simplemente son eliminados del momento, por lo menos en ese momento.

Hay otros que deciden quitarse la vida poco a poco, lentamente. Pensando en esto me acuerdo del caso de Mac Miller. Este cantante de hiphop no murió de manera convencional, como lo haría una persona deprimida, sino que lo hizo de otra manera más dolorosa y cruel. Era adicto a las drogas y aunque según él tenía todo bajo control, creo que todos los adictos dicen eso en una etapa de negación que los termina sumergiendo más en las drogas. Él sabía que tenía depresión y lo reflejaba en las letras de sus canciones. En una entrevista dijo: «Lo que quiero es ya no estar deprimido, tener malos días y buenos días, tener días en los que me pueda despertar y sentirme en la cima del mundo».

Era una persona que sabía que estaba mal, pero quería sentirse bien. Como he leído en libros y artículos acerca de la drogadicción el primer paso es reconocerlo y sí lo reconocía, en una de sus canciones decía: «Las líneas blancas borran mis malos momentos, las píldoras que estoy tomando. Tengo que madurar, admito el problema, tengo que despertar», pero no lo hizo.

Claro ejemplo de que él sabía que tenía un problema, pero no basta con reconocer que hay un problema, ese es el primer paso. Hay que hacer algo para intentar buscar una solución. En su caso, no creo que se drogara para buscar su muerte. Después las investigaciones arrojaron a la luz que murió de una sobredosis, porque las drogas que estaba utilizando estaban adulteradas. Sus amigos habían salido a comprar tales drogas. La pregunta que habría que hacerse aquí es: «¿los amigos adulteraron tales drogas o ya estaban así cuando las adquirieron?». Era un escape, él sabía que las drogas no lo iban a matar, pero lo que no sabía era que estaban adulteradas. Un escape, un escape que salió muy caro.

También llega a mi mente el caso del actor reconocido Robin William, uno podría verse tentado a pensar: «¿cómo es posible que un hombre que aparentemente lo tiene todo, una buena carrera en una industria tan difícil como el cine, una fama que más de un joven actor hubiese envidiado, añorado tener, una mansión, una esposa joven, tal vez muy joven para él, decida quitarse la vida ahorcándose?». Aunque la pregunta sea algo repetitiva, es lo que llega a mi mente en toda ocasión.

Lo que pasa con el caso de Robin es que estaba enfermo, y ¿quién no está enfermo? Unos decían que tenía depresión; otros, ansiedad, paranoia y hasta demencia. La realidad es que después de una desgracia no faltan los expertos. La verdad es que estaba enfermo y en ocasiones estas enfermedades se convierten en nuestro infierno y este ha sido mi caso con mi esclerosis múltiple.

Si miramos el caso de Chester, él estaba bien, sus amigos cercanos aseguraban que estaba mejor que antes, estaban preparando una gira en Europa y hacía poco había sido objeto de muy buenas críticas por su excelente trabajo. En el caso de Robin William, su ahora viuda decía que estaba bien, que hasta un amigo lo fue a buscar porque tenía un compromiso laboral. Si estás pensando seriamente en quitarte la vida, no haces planes, porque para ti en tu mente no hay mañana, NO HAY FUTURO.

Pero estabas bien, el mundo a tu alrededor te percibía bien, pero no estabas bien, a menos que hayas sido un muy buen actor y hayas engañado a todos; en el caso de Williams sí era un muy buen actor, uno de los mejores, pero no creo que sus acciones, en este caso en particular, las haya hecho pensando en el dolor que le iba a causar a sus seres queridos, no creo que nadie piense en el dolor que le causaría a sus seres queridos. En el caso de Bennington tampoco lo creo, lo que sí es cierto, y lo digo por mi propia experiencia, es que el dolor, el sufrimiento, la depresión y la angustia son insostenibles. En esos momentos no estás pensando en nadie más, no puedes, solo en tu dolor y ya no quieres sentirlo más. Y en un momento de debilidad, cuando no hay nadie de tus seres queridos, tomas la decisión de acabar con tu dolor.

Tal vez, quién sabe, se hayan ido los efectos del medicamento que hayas estado usando y optas por la opción más sensata para ti en ese momento. Tal vez fueron segundos, quizás minutos, pero la decisión ya está tomada. Es irreal pretender que una persona esté 24/7 con su ser querido, y los efectos del medicamento no son eternos.

Con el diagnóstico de la esclerosis múltiple no solo llega la enfermedad per se, que es nociva por sí sola, es devastadora, sino que llega acompañada de sus inseparables amigos, entre ellos la tan temida depresión. Para tratar la esclerosis múltiple hay que tratar con todos y cada uno de sus síntomas, entre ellos la depresión. Lo que es preocupante aquí es que, con la esclerosis múltiple, a medida que pasa el tiempo, surgen nuevos síntomas y los medicamentos que estemos tomando para lidiar con ciertos síntomas pueden afectar a otros síntomas, y sin darnos cuenta la casa se va convirtiendo en una pequeña farmacia, sin obtener los resultados esperados.

De momento aquí los dejo, ha sido un día muy duro, mañana continúo con mi relato.

23 de marzo de 2014

(DEPRESIÓN)

Cuando estaba activo en la iglesia, cuando estaba buscando un significado, un sentido a la vida, sin saber lo que me deparaba el futuro leí este salmo: «me llenará de júbilo y alegría por tu amor. Porque has visto mi sufrimiento y conoces mi angustia, no me entregasteis en poder del enemigo, y me dejasteis caminar en libertad. ¡Ten piedad de mí Señor, que la angustia me ahoga! Se consumen de tristeza mis ojos, mi garganta y mis extrañas, pues se me va la vida en sufrimientos; y los años en suspiros mi fuerza se extingue por las penas y mis huesos se debilitan» Salmo 31.

Después del diagnóstico me vi en la tarea de estudiar los síntomas que me estaban afectando de momento y ver cómo podía lidiar con ellos. Uno de ellos, como ya han de saber, es la depresión y no quería depender exclusivamente de los antidepresivos, los cuales tienen algo muy curioso y eso se llama efectos secundarios. Y uno de estos es que determinados antidepresivos pueden causar pensamientos suicidas, según la lógica de la medicina.

A este punto podrían entender mi resistencia al uso de antidepresivos, debería haber otras opciones. Porque creo que es lógico que si sufres de depresión y uno de los efectos secundarios del medicamento que te recetó el doctor es que cause pensamientos suicidas, hay que buscar otras opciones.

Hoy por hoy, creo que sí no te gusta leer tienes que cultivar esta acción. Me tomé la tarea de estudiar el tema de la depresión y me encontré con dos factores de alto riesgo que te pueden hacer más propenso a caer en la depresión. Una de estas causas es la inhabilidad de comunicar las emociones. ¿Cuántas veces de niño te pasaba algo en la escuela y tu mamá te preguntaba *«¿pasa algo?»*, a lo que contestabas que no te pasaba nada?

Esa negación hace que nos llevemos esa emoción a nuestro interior. Más adelante, llevamos esto a nuestra pareja, esposa u esposo. Nos pasa algo en el trabajo con algún compañero o el jefe y nuestro ser querido nos ve visible y emocionalmente afectado y no decimos, ni queremos decir nada. El reprimir ese sentimiento, no querer expresarlo a otros, nos hace daño y luego se puede expresar de forma negativa y hasta violenta contra otra persona o contra nosotros mismos, y ahí podríamos ver el porqué del suicidio.

Por otro lado, sería beneficioso tener a alguien con quien ventilar esas emociones, ese conflicto interno en nuestro ser. El simple hecho de expresarlo con alguien más, nos hace liberarnos de esa emoción. Llevándonos al siguiente punto, ser capaces de crear relaciones saludables con otros. Esto es clave, porque si creas relaciones poco saludables, el expresar tus emociones, podría ser contraproducente. Porque lo cierto es que expresar tus emociones con las personas adecuadas, con amigos reales, te ayuda a canalizar esos sentimientos adversos, de forma constructiva y saludable.

Pero si eliges a la persona incorrecta podría ser devastador. Pensando en esto, recuerdo una historia que leí en un libro titulado, si mal no recuerdo, *Violencia en las escuelas, el bullying y su impacto en nuestra sociedad,* donde hablaba de la historia de Conrad Roy III, un joven muy afectado por la depresión que decidió contarle sus pesares a otra joven que estaba, tal vez, peor que él, y lo indujo a que se quitara la vida. No recuerdo el nombre de la joven, no viene al caso, el punto es que contarle tus dificultades a la persona incorrecta es igual de dañino o peor que no contarle a nadie y reprimir esa emoción.La depresión no es otra cosa que una tristeza intensa, que se convierte en tal por reprimirla por un tiempo prolongado. Pero ¿cómo saber cuál es la persona correcta para abrir lo más íntimo de nuestro ser? Primero, la persona con la que vayas a hablar de tus emociones, tus más íntimos sentimientos, ya sean positivos o negativos, ha de estar libre de intenciones ocultas para contigo. Si dices que es tu amigo o amiga, pero verdaderamente tiene otras intenciones contigo, tal vez románticas o de venganza, usará esa información para su propio beneficio y te usará. En este aspecto, los seres humanos somos egoístas.

Pero descubrir las intenciones genuinas y honestas de otra persona no es tarea fácil. Por un lado, la persona siempre va a decir que quiere lo mejor para ti, pero en realidad te quiere ver más vulnerable para aprovecharse. Como hombre, he sido testigo fiel de eso, de lo cual no me siento orgulloso. Cuando una jovencita, por la cual yo sentía cierto interés y no en ayudarla realmente, venía a contarme sus problemas la escuchaba con mucha atención y cuando corría una lágrima por sus mejillas con el dedo índice de mi mano derecha secaba la misma y la abrazaba y lo demás es historia.

Detectar quién es real y quién no es el desafío. No solo estamos batallando con nuestras emociones, con la esclerosis múltiple, sino con las intenciones ocultas de nuestros falsos amigos. ¿Por qué es difícil detectar esas intenciones ocultas? La razón es, como decía anteriormente, estos «amigos» dirán una cosa y con sus acciones harán otra, totalmente opuesta. Por esta razón tienes que estar atento a su lenguaje corporal.

Por ejemplo, cuando digas algo negativo de tu pareja o de alguien más mira su expresión facial, sus ojos, su mirada. ¿Ves desconcierto, tristeza, preocupación, felicidad? El ser humano puede ocultar sus verdaderas intenciones con palabras, pero sus músculos faciales nos dirán la verdad. Podrás detectar si es sincero o si está siendo falso. No controlamos los movimientos de nuestros músculos faciales, a menos que seas un actor o actriz muy talentoso. Como decía un cantante de salsa vieja, el mejor, Rubén Blades, vivimos en una selva de cemento, y esto es parte de sus ataques salvajes, tienes que protegerte de los depredadores.

Ante la depresión, la ingenuidad y la malicia tenemos un arma poderosa a nuestro favor llamada fe. Escribiendo estas palabras me siento extraño, raro. Cómo voy a escribir de fe, cuando he estado pensando en quitarme la vida, cuando el entusiasmo, el deseo, las ganas de vivir han desaparecido. Sé que puede ser a causa de mi condición de esclerosis múltiple combinada con la depresión, pero también sé que tengo mis hermanas, mi mamá, mis sobrinos, no haría nada que los lastimara. Sé que en esos momentos lo menos que piensas es en tus familiares, piensas en tu dolor, tu sufrimiento y quieres silenciar ese dolor y el suicidio se presenta como la más fuerte y única opción.

Segundos, son solo segundos el tiempo que toma este pensamiento para dominar tu mente, el tiempo necesario para arrebatarte la vida. Y esta dramática decisión podría marcar y manchar para siempre nuestra vida y la de nuestros seres queridos. Aunque nos hayamos sentido bien toda la semana y hayamos mostrado a los demás que estamos bien, que estamos haciendo planes, no nos sentimos bien. ¿Tan solo si pudiéramos ser más fuertes por unos segundos o acudir a nuestros seres queridos? Sé que es ignorancia pedir que seas más fuerte cuando se ha pasado por todas estas dificultades.

Sé que es fácil hablar de fe y esperanza cuando no has pasado por momentos difíciles, sé que podría ser fácil hablar de fe y esperanza cuando no has pensado en quitarte la vida, porque tienes la convicción de que este mundo será mejor sin ti. Pero tal vez, quiero tener un intento más, no me gustaría defraudar a mi familia, pero no sé si eso importe ahora. Creo que sería bueno dejar la escritura por ahora e irme a descansar, no he hecho ningún trabajo físico, pero estoy muy agotado.

30 de marzo de 2014

FACTORES DE ALTO RIESGO

MAC MILLER

CHRISTINA APPLEGATE

MIGUEL GALLARDO

Hoy me levanté algo entusiasmado, hice algunas cosas, saqué a mi perrita a caminar; de alguna manera u otra el simple hecho de pasear con ella siempre me hace sentir mucho mejor cuando estoy algo deprimido. Digo perrita cuando es enorme, casi me arrastra cada vez que la saco, creo que en realidad ella me saca a pasear a mí. Es un pitbull y a pesar de lo que popularmente se piensa, que son agresivos, mortales, violentos; ella es superdulce, podría matarte a lengüetazos. Sigue siendo agresiva por su instinto, pero es algo que con los años, educación, formación y entrenamiento se puede corregir. No creo que el término sea correcto aquí, más bien es corregir a los dueños. Los seres humanos son la raza más violenta del planeta.

Tal vez la depresión se puede arreglar o por lo menos controlar como la esclerosis múltiple, pero debemos conocer más de ella. Otro de los factores de alto riesgo que podría hacer a una persona más propensa a la depresión es no contar con el apoyo de la familia, y mirando hacia atrás, siempre conté con el apoyo de la mía, iban a mis graduaciones, desde el primer grado de kínder, hasta llegar a la universidad. Cuando tenía algún juego de baloncesto, aunque no era muy bueno, ahí estaban y contaba con su apoyo incondicional. Esto pudo haber hecho la diferencia entre yo y otros de mis compañeros, amigos que no contaron con mi misma suerte. Que, como el caso de Mac Miller, que no fue un suicidio tradicional de «una acción y ya acabamos con nuestra vida», sino que, se trata de una modalidad muy común hoy día, donde decido quitarme la vida lentamente, día a día a través de alguna adicción, hasta que la naturaleza o mi resistencia ya no puedan más.

Esta modalidad es la más cruel de todas, donde ya no tengo metas, no tengo aspiraciones, sino que decido morir poco a poco, día a día. Es triste, pero es la realidad de muchos jóvenes en nuestro presente, hay muchos Mac Miller en nuestra sociedad. Contar con el apoyo de la familia tal vez, tal vez, pueda ayudar a no sucumbir a la depresión o a las drogas, no es una garantía, pero sí podría ser un factor preventivo.

Un nuevo despertar, un nuevo amanecer, debería de ser la norma de cada criatura, pero, lamentablemente, no es así para muchos. Lo que no cabe duda es que no contar con el apoyo de la familia hace que magnifiquemos eso que llamamos fracaso, sin saber que aquellos tropiezos en la vida nos pueden ayudar a crecer y hacernos más fuertes ante la depresión; y el no crecer nos hace más vulnerables ante la misma, los llamados fracasos tienen grandes lecciones.

Todavía recuerdo que en mis años en la universidad en mi clase de español tenía que presentarme a un examen que yo pensaba que sabía, así que ni estudié, ni me preparé. Resultado final: 70 % en la nota. Una nota totalmente mediocre para cualquier universitario. Cometí un error al no prepararme y un error craso. Un fracaso, un error, nos permite aprender de lo que no hicimos bien, es una escuela que nos permite seguir hacia adelante. Aprendí de los errores que cometí, me preparé para el próximo examen y saqué un 87 %, una B alta, casi una A. Estudié con más ahínco, dedicación, empeño, no subestimé la clase, ni al profesor, aprendí, crecí y no magnifiqué mis errores y lo tomé como lo que es, una lección.

La única manera de crecer es asimilando nuestros errores, de lo contrario nunca vamos a seguir hacia delante. Nosotros, los seres humanos, somos los únicos seres en la tierra capaces de cometer un error y reflexionar para corregirlo en un futuro y a eso se le llama evolución. Sé que nuestra realidad juega en nuestra contra, pues nadie pidió tener esclerosis múltiple, menos depresión, pero no se trata de cómo nos golpea la vida, tampoco de cómo caemos en la misma, se trata de cómo me levanto, me sacudo el polvo y sigo hacia delante. No sabes cuántas veces me he caído por mi desbalance, me levanto rápido para que nadie me vea, río y sigo.

Una de las cosas que yo todavía admiro muchísimo es el momento en el que la actriz Christina Applegate estaba recibiendo su estrella en el paseo de la fama en Hollywood, mientras hablaba de su condición de esclerosis múltiple, que aparentemente le afectaba su caminar. Estaba en silla de ruedas, y ni siquiera podía mantenerse en pie, dio su discurso de aceptación con buen semblante. En su discurso hacía chistes de su condición, con una sonrisa en su rostro imborrable, y esa es la actitud que debemos afrontar ante las dificultades de la vida.

Inevitablemente la depresión afectará a cuatro áreas en la vida, como si ya no fuera poco con lo de la esclerosis múltiple. Y estas áreas son pensamientos, comportamientos, nuestras relaciones y nuestro estado físico. Con la depresión nuestros pensamientos se vuelven oscuros, fríos, distantes. Oscuros porque una persona con depresión en más de una ocasión tendrá como única opción quitarse la vida y, eso, además de oscuro, es tenebroso. Te vuelves distante en especial con tus seres queridos. Cuando más necesitas de su apoyo le pones una barrera impenetrable para que no lleguen a ti. Tu recámara se convierte en tu mejor guarida, y en tu cárcel. Estos pensamientos oscuros se reflejan en tu comportamiento, que es otra de las áreas que afecta la depresión.

He estudiado a personas que han sido afectadas por esta condición, he visto que se comportan de manera muy distinta. Hay unas que se la pasan trabajando y trabajando, acelerando su ritmo de vida. Es como si no quisieran tener tiempo libre para pensar. Yo, en lo personal, he recurrido a esa estrategia. Si no piensas, no tienes razones para estar triste, y además si trabajas lo adecuado terminarás agotado, con solo ganas de ir a dormir y dormido no puedes sentirte triste.

Por otro lado, viendo este dolor de forma creativa, cuántos artistas han utilizado su dolor para hacer grandes obras de arte, y en el ambiente de la música, cuántos no usaron su dolor para crear grandes obras artísticas, la historia está llena de estos personajes. Por mencionar uno, Miguel Gallardo, un cantante y compositor muy talentoso, pero tímido como no tienes idea. Le fue muy difícil hacer relaciones con féminas por la misma razón y cuando finalmente se enamoró de una, esta decidió estar con su mejor amigo. No te imaginas todo el dolor y decepción que todo esto le causó. Pero todo este dolor lo llevó a trabajar y trabajar de manera creativa. Y fue así que se crearon muchos éxitos, éxitos que se tradujeron en múltiples idiomas.

Era español y su música llegó a todas partes del mundo y algunas hasta el sol de hoy todavía se escuchan y se siguen haciendo interpretaciones. Es una manera de inmortalizarte. Él usó su dolor de manera creativa y en el proceso transformó al mundo, tú y yo podemos hacer lo mismo.

Como pude apreciar en mis estudios acerca de la depresión, otra área que se ve afectada por la misma son las relaciones y esto es como una cadena: tus pensamientos van a influir en tus comportamientos y tus comportamientos sin duda en tus relaciones. El simple hecho de que te muestres distante ante los demás y te encierres en tu cuarto, a muchos no les va a parecer y muy pocos te van a entender. Es muy complicado que nos entiendan, pero ¿qué podemos esperar, si ni siquiera nosotros nos entendemos? Lo que sí podría decir a este punto, es que sí tienes algún ser querido que esté atravesando algún desbalance emocional, trata de estar ahí con él o ella, no de entenderlo, eso tal vez sea imposible. Respeta su espacio y que sepa que independientemente de lo que pueda pasar siempre estarás ahí de manera incondicional, esto podría salvar una vida.

Otro de los apartados que afecta la depresión, sí o sí, es tu estado físico. Hay personas que comen y comen de forma imparable y desafortunadamente ganan mucho peso. Hay otros, como yo, que dejamos de comer, perdemos el apetito y por consiguiente perdemos peso, lo que no es malo hasta cierto punto, para algunos. Ni mi comida favorita me animaba a abrir la boca y las preguntas y comentarios no se hicieron esperar. «Has perdido mucho peso, ¿estás enfermo?». Aunque sea apenas unas libritas, pero para ellos es mucho. Sí, estás enfermo, pero tu enfermedad ellos jamás la podrán entender, ni tú la entiendes.

Por otro lado, hay personas que comen y comen sin parar. Este síntoma de la depresión es como un signo de ansiedad y esto, de una manera u otra, genera cierto efecto relajante. Todavía recuerdo a una amiga cuyos padres la llevaron a los Estados Unidos para una mejor calidad de vida, como si el simple hecho de traerla a este país fuera una garantía de una vida próspera.

El cambio tuvo un efecto muy adverso y devastador en ella: cambió de escuela, la dieta —no se come lo mismo que en tu tierra y la sazón no es igual—, el *bullying*. Hoy día te hacen *bullying* por todo, si estás flaco o gordo, por todo. El hecho fue que comenzó a comer todo lo que estuviera delante. La gente asume que por el hecho de mudarse a los Estados Unidos tienes un buen futuro garantizado, y no es necesariamente así. La joven comenzó a comer compulsivamente y a ganar peso y con eso ganó otras posibilidades adversas, como el riesgo a desarrollar diabetes. Para la joven su viaje hacia un nuevo futuro se convirtió en un infierno. Su sueño americano se convirtió en una pesadilla. Lo que es importante para uno, tal vez sea totalmente irrelevante para otros. Tengo sueño, creo que muy pronto voy a terminar mis notas, para cerrar mis ojos.

Sé que para muchos hoy día, especialmente en las escuelas, nos recalcan la importancia de que conozcamos nuestras emociones y sin duda esta joven las conocía y se las hizo saber a sus padres, lo que tal vez ignoraban o subestimaban. Muy posiblemente dijeron para sí «es un berrinche de juventud, muy pronto se le pasará». Si los padres hubiesen mostrado mayor atención a estos «pequeños detalles» sabrían que algo no andaba bien. Sabían que estaba comiendo de manera compulsiva, y no era algo hormonal, sino una señal más seria.

No solo nosotros debemos conocer nuestras emociones, sino también las de nuestros hijos. Mis ojos se cierran solos nuevamente, con este pensamiento voy a terminar. La joven gritaba a los cuatro vientos que le pasaba algo con su comportamiento. Pero los latinos, por lo general, reprimimos los sentimientos, ahora no solo le decimos a los niños «no llores, usted es un hombrecito», sino, a la niña también «no seas llorona», y así reprimimos nuestras emociones. Lo que yo no voy a reprimir más es mi sueño, buenas noches, mañana será otro día.

10 de abril de 2014

SEGUNDOS

Un nuevo amanecer, un nuevo día con nuevos bríos para comenzar, pero hoy me siento muy triste, no tengo ninguna razón aparente, solo me levanté muy triste, creo que así es la depresión, creo que así es la esclerosis múltiple. Otra de las causas o factores que te hacen más propenso a caer en la depresión es la cultura y el medio ambiente. La realidad es que donde crecí no es un lugar modelo donde te gustaría que crecieran tus hijos, con la mejor educación y el mejor entorno. Drogas donde quiera, igual la prostitución, un ambiente donde ves a jóvenes con muchos sueños, luego por alguna u otra razón sus metas se ven interrumpidas y caen en las garras de las drogas y para costearlas recurren al oficio mencionado anteriormente.

Y los varones, jóvenes muy talentosos, que en lo personal hubiese dado lo que sea por tener, aunque sea, un 10 % de sus habilidades en el deporte para poder explotarlo. Porque si no tienes talento, de nada te sirve que lo intentes explotar, no se puede explotar lo que no se tiene. Y esto de nuevo confirma lo que pensaba, la drogadicción es otra clase de suicidio con la única diferencia de que decides quitarte la vida día a día. El resultado final es el mismo: la muerte.

Drogadicción, depresión, suicidio podrían ser sinónimos, por lo menos para mí lo son. Todas diferentes palabras para el mismo estado emocional. Con la drogadicción te sientes muy mal, ya no quieres sentirte así, por eso recurres a la sustancia con tal de sentirte bien. Con el suicidio te sientes fatal, ya no quieres sentirte así, optas por la decisión final, de la cual ya no hay vuelta atrás: quitarte la vida. Con la drogadicción, igual te quitas la vida, solo cambia el ritmo, pero el resultado es exactamente el mismo.

Sin embargo, no creo que ese ambiente asesino de sueños haya contribuido a mi depresión, ¿o sí? El destino de las féminas, como mencionaba anteriormente, en este infierno, era algo diferente, o por lo menos tienen otras opciones, si se le puede llamar así, que es la prostitución. Jovencitas que en su época dorada optan por vender su cuerpo al mejor postor y con ese dinero seguramente comprar drogas, ¿adivinen por qué? Porque se sienten mal y de alguna manera u otra eso les hace sentirse bien, aunque sea por un periodo de tiempo corto, pero al menos placentero. Exactamente lo mismo, me siento mal y busco una salida para sentirme bien y a veces esa salida es peor que el problema y se vuelve parte del mismo.

A pesar de que hoy me siento muy mal, tal vez mañana me sienta mejor, quién sabe, esta es la gran incertidumbre con la depresión y la esclerosis múltiple. De todas formas, me he tomado la tarea de buscar los tipos de depresión y ver cómo podría lidiar con ellos, si fuera posible. Tal vez mis descubrimientos y escritos me puedan servir o le sirva a alguien más, solo espero que no sea muy tarde. Tal vez para algo sirva este diario improvisado.

El primer tipo de depresión que me encuentro lleva como nombre el desorden de depresión mayor. ¿Hay alguna depresión menor? Lo que tal vez se pueda considerar menor es la tristeza, y si se vuelve constante ya no sería tristeza, sino depresión. Y ninguna depresión es menor si te lleva últimamente a quitarte la vida. Bueno, esta depresión se caracteriza por una fuerte decaída de ánimo, las actividades que antes te causaban placer, ya no despiertan ni la más mínima reacción. Creo que hasta el sexo ya no me vuelve loco, como solía hacer.

Y esto me lleva al siguiente punto, tu capacidad de amar se ve opacada, nublada. Y quién te dijo que para tener sexo tienes que amar. Un pensamiento un tanto machista de mi parte. Lo cierto es que soy muy convencional en ese aspecto, si voy a estar íntimamente con alguien debe de haber cierto compromiso emocional. Esto me convierte en mujer, quién sabe, lo cierto es que es uno de los atributos femeninos que admiro. Se nubla tu capacidad de amar, no solo a otra persona, sino a ti mismo. Eso explica por qué otra persona no me mueve ni el más mínimo deseo. También explica por qué otras personas optan por la terrible idea de quitarse la vida. Por un lado, no quieren tener esa sensación tan horrible y por otro no se aman a sí mismos. Obviamente todas tus acciones a tus seres queridos se ven afectadas, y ni pensar en el trabajo. Tu productividad se ve notablemente afectada.

El próximo tipo de depresión es la distimia. Según mis notas y mis investigaciones, una palabra un tanto rara para mí, es muy similar a la anterior, el desorden de depresión mayor, con la única diferencia de que sus síntomas son menos severos; al ser menos severos las personas lo pueden ver como algo normal y vivir con ellos hasta dos años. Al tratar con ellos, los podríamos categorizar como pesimistas, parte de su personalidad. Y no podríamos estar más errados. Detrás de ese pesimismo debe haber algo más, nadie nunca termina de conocer a una persona en su totalidad, cada persona tiene su historia, y es obvio que no la conocemos. Pero ¿y si en lugar de juzgar a la persona, procuramos conocer su historia?

¿Cuántas personas hemos conocido así a lo largo de nuestras vidas, que todo es negro o blanco, malo o bueno, no hay tonalidades grises? Si está lloviendo, se van a inundar las calles, si hace un día soleado, me va a quemar la piel, me va a dar cáncer y me voy a morir. He aprendido que tratar con esas personas es difícil y podrías tratar de ayudar como buen cristiano, pero si ves que no se deja ayudar tienes que tener cuidado porque te puede contaminar con su energía. Lo peligroso de esto y preocupante a la vez es que si las personas con distimia no buscan ayuda profesional porque piensan que es su manera de ser —pesimistas—, esto se puede convertir en desorden de depresión mayor delicada y muy peligrosa.

Ante una situación como esta, estamos ante un dilema, si se trata de un ser cercano, querido, lo queremos ayudar, pero no queremos que nos afecte o que nos contamine con su estado emocional. Ante esto lo que yo podría pensar es ayudarlo todo lo que pueda, hacer todo lo que está a mi alcance, ponerlo en las manos de Dios a través de la oración, que es muy poderosa. Pero, si vemos que no se puede, por nuestra propia salud, debemos retirarnos sabiendo que hicimos todo lo que estaba en nuestras manos y no funcionó. Lo que no quiere decir que no sigamos ayudando, pero sí a distancia, sin involucrarnos directamente.

Otro tipo de depresión es el desorden ajustable de ánimo depresivo. Cosas malas inevitablemente van a pasar en la vida. Si peleaste con tu esposa, si peleaste con tus hijos, si discutiste con algún compañero de trabajo, si discutiste con tu jefe, inconvenientes en la vida son como las flores en el campo, siempre van a estar. Pero si ante estas situaciones comunes en la vida sientes que no vale la pena continuar con la misma, podrías tener este tipo de depresión.

Sin duda, estas situaciones adversas en nuestra existencia deben llamar nuestra atención para buscarle una solución, pero no debería ser razón para dejar de luchar. He ahí la gran diferencia: luchar o darse por vencido. La vida es dura, ¿quién te dijo que la vida iba a ser fácil, con un eterno arcoíris, rosas, un cielo *pink* y todo perfecto? No, para una persona con esclerosis múltiple, menos; donde hay días malos y otros no tan malos, donde hay días que nos despertamos bien, y por bien quiero decir que los dolores que estamos sintiendo son menos intensos, y hay otros días que todo nos duele, las articulaciones, las extremidades, hasta el pelo duele. Esto sin contar la inestabilidad emocional en la cual vives. Un día me levanto triste con ganas de llorar, otro, muy molesto, con ganas de matar a la humanidad. Esto es un sentimiento, lo que no quiere decir que lo vaya a hacer realidad, solo un sentimiento.

Otro de los tipos de depresión es el trastorno bipolar. Cierto es que las personas que tenemos esclerosis múltiple sufrimos de cambios de humor, pero no son tan intensos como los que tienen este tipo de depresión. Sin embargo, y muy triste, los que tenemos esclerosis múltiple somos más propensos a sufrir y desarrollar un síndrome bipolar que la población en general. ¿Cuántas veces he estado bien y de momento me invade una profunda tristeza, con ganas hasta de llorar, sin razón aparente? Y para todo aquello que no tengamos explicación culpamos a la esclerosis múltiple.

Bueno, estas son las características de este trastorno, ir a los extremos; cuando se está bien, se está bien, cuando se está mal, se está mal, pero al extremo. En féminas, comenzar a gastar mucho dinero, comprar de manera compulsiva. Creo que mi ex era así. Yo, en mi caso particular, puedo levantarme muy bien, hasta creativo, y luego de repente, sin previo aviso, sentirme muy mal con mucho coraje o muy triste. Ni que fuera mujer y estuviera en mi periodo, por lo menos eso tendría una explicación algo lógica. Lo peligroso de esto es que una persona en esos momentos, segundos que mencionaba anteriormente, podría cometer una locura, consigo mismo o con otra persona. Segundos en los que si tengo un episodio de ira, hay dos elementos que se tienen que dar para que se dé una tragedia: primero, que esté la persona causante de mi ira y le quite la vida, segundo, que no haya la persona adecuada para ventilar mis emociones y me quite la vida. Ambos finales trágicos y tristes.

Hay días en los que me levanto sumamente triste. Siento una tristeza profunda en mi corazón y en mi alma, en lo más profundo, sin un por qué, hasta que, sin querer, ni pensarlo, una lágrima brota por mis mejillas y de momento todo mi mundo se vuelve gris. Y como en el caso anterior, si no cuentas con alguien a tu lado de confianza y estás en tu soledad, quieres terminar con esa sensación, y el suicidio se vuelve una realidad. Segundos que podrían definir toda una vida, segundos que definen tu ser, segundos que como una bomba nuclear destruirán a tus seres queridos, no solamente eres tú, es tu todo.

Lo que pasa aquí es que no se sabe cuándo van a ser esos segundos, si tuviéramos una bola de cristal para saber cuándo llegarán esos segundos y estar preparados... pero es una incertidumbre. Por esta razón, nunca, pero nunca he juzgado a una persona que decide terminar con su vida. Es fácil decir, y muchos «cristianos» dirán que se quemará en el infierno el que decida quitarse la existencia, que es una decisión egoísta, que solo pensó en su dolor, pero nunca pensó en el dolor que iba a dejar a sus seres queridos con tal decisión.

Nadie pensó en el dolor que estaba pasando esta persona, estamos en igualdad de condiciones. Cuando más nos necesitó, brillamos por nuestra ausencia, además el único que puede juzgar a las personas es Dios; yo, como humano, al querer juzgar a otros estoy jugando a ser Dios y ese es otro pecado, tal vez mayor. Yo, en lo personal, creo que una decisión más que egoísta es valiente, porque hay que tener huevos, mucho valor para tomar la decisión de arrebatarse la vida.

Nadie sabe por lo que la otra persona está pasando, por su angustia, su dolor. Sin embargo, para el ser humano siempre es más fácil juzgar y condenar al otro. Creo que es una decisión valiente. Cobarde es saber que nuestro ser querido está pasando por un mal momento, que está atravesando por un infierno, y no hacer nada por ayudarlo. En lugar de juzgar, deberíamos de preguntarnos qué hicimos mal que no vimos los signos.

Y otro tipo de depresión es el desorden afectivo estacional. Este viene y va con las estaciones del tiempo. ¿No le ha pasado que, cuando el día está nublado, parece que quiere llover y no llueve, nuestro estado de ánimo está por el suelo, con una tristeza inexplicable? En las islas tropicales esto es común, lo referente al clima. Algunos expertos, los que no pueden explicar la esclerosis múltiple, pero quieren explicar todo, dicen que cuando el cuerpo no recibe suficiente luz solar su estado de ánimo, emocional, está igual que el clima, oscuro. Esto se le podría atribuir a que el cuerpo no recibe vitamina D. Sabemos que esto está relacionado con la esclerosis múltiple, tal parece ser que nuestro estado de ánimo también.

Haciendo un alto en la importancia de la vitamina D, hay algunos especialistas en nutrición que afirman que buenos niveles de esta vitamina en nuestro sistema podrían prevenir el cáncer. Y es de todos saber que personas que no tienen buenos niveles de vitamina D son más propensos a la condición de esclerosis múltiple y, por otro lado, aquellos que tienen buenos niveles de esta en su sistema, son aquellos que no tienen esta condición. La vitamina es mágica, pero para que el cuerpo haga una buena absorción de esta necesita magnesio y no cualquier magnesio sino citrato de magnesio o *glycinate* para que sea absorbida de manera adecuada. Más adelante hablaremos del magnesio.

Mi diagnóstico de esclerosis múltiple ha despertado ese interés y deseo de querer saber más de la condición y qué puedo hacer para mejorar mi salud. Y muchos de los descubrimientos que he hecho me han ayudado muchísimo, incluyendo el cómo estoy lidiando con mi depresión. Después de haber aplicado muchos de los conocimientos adquiridos en mis estudios, mi estado de ánimo ha cambiado para bien, más de lo que alguna receta haya podido hacer. A veces los problemas, aparentemente complicados, tienen soluciones prácticas, solo que no las vemos.

Otro tipo de depresión con la que me topé fue la premenstrual y posparto. Comenzaré mi reflexión con la premenstrual. Pensando para mis adentros, aunque todo este proceso es uno de introspección, la mujer la tiene bien difícil, no solo puede quedar embarazada y sufrir los dolores de parto, sino, además, tiene algo que se llama periodo. Mes a mes la mujer tiene, por así llamarlo, sus días. Con estos días llega un cambio hormonal y, por consiguiente, emocional. Por eso es normal y habitual que de momento una mujer se sienta bien y luego, sin previo aviso, se sienta mal sin razones aparentes. Tal vez esto algunos hombres no lo puedan entender, escapa de su lógica, lógica masculina, a menos que tengas esclerosis múltiple y pases por ese mismo cambio abrupto emocional.

Pero creo que para que un matrimonio sea saludable, el hombre no solo debe tener conocimiento de esto, sino además ser comprensivo. Detrás de los supuestos ataques de ira o llanto, hay una mujer que está sufriendo un cambio emocional, del cual ella no tiene control. La comprensión en esto es el mejor aliado que podría tener una familia. En un matrimonio la mujer, sin duda, valoraría mucho esto.

Y como si fuera poco, la mujer sufre o podría sufrir lo que se conoce como depresión postparto. El sueño de cada mujer es traer una criatura al mundo, es parte de su función biológica para la supervivencia de la especie humana. Pero, en ocasiones, no siempre con la llegada al mundo de esa criatura llega un cambio hormonal placentero, sino que puede causar una tristeza muy intensa. En este punto es muy importante dejarle saber a tu doctor lo que estás sintiendo, porque se han dado casos muy extremos, donde la madre no quiere saber nada de su hijo, sube a la azotea del hospital y lanza al niño, caso bastante triste. Sin embargo, con los medicamentos adecuados esto se puede prevenir. He mencionado que los efectos secundarios de los antidepresivos pueden ser adversos, pero, si en casos como este tipo de depresión posparto pueden prevenir finales tan drásticos y tristes como el mencionado, bien recibidos los antidepresivos.

Esto no quiere decir que la mujer sea una mala madre; esto lo que quiere decir es que la mujer está enferma y necesita ayuda. No creo que una persona, en su sano juicio, quiera quitarle la vida a su propio hijo o en el caso del suicidio que quiera quitarse la vida él o ella misma. Hace mucho tiempo aprendí a no juzgar a las personas, pues no sabemos por el infierno que han de estar pasando. Aprendí primero a escuchar, conocer la historia de cada quien, luego de eso, ya no me queda tiempo para juzgar, solo para querer ser uno solo con esa persona y ayudarla. La vida es del color que tú decidas pintarla —nadie más—, con colores alegres o si la quieres pintar con colores fúnebres, oscuros, es tu decisión, solo tuya.

Ya tengo sueño, es hora de dormir, hoy reflexioné acerca de tópicos muy fuertes, duros, buenas noches.

15 de abril de 2014

FACTOR INTERNO

JOHN KING

ABRAZAR LOS REGALOS DE LA ESCLEROSIS MÚLTIPLE

SELMA BLAIR

Creo que la última vez que consulté mi diario improvisado los temas fueron un poco fuertes, pesados, necesarios, pero algo duros. Hoy me predispongo a reflexionar de algo más *light* por así decirlo. Para lidiar con todos estos tipos de depresión, por más diversos que sean, es necesario, imprescindible, monitorear nuestro estado de ánimo. Y esto debería ser una enseñanza básica en el comportamiento del ser humano. Esto nos ayudará a determinar si tengo depresión, qué tipo y qué debo hacer para manejarla de manera saludable, pero primero hay que identificarla.

Para eso vamos a utilizar un diario, parecido a este, pero más específico. Vamos a hacer una tabla, donde vamos a colocar los días de la semana, y a estos les vamos a asignar una puntuación del 0 al 10, siendo 0 equivalente como al peor día de tu vida y 10 como el mejor día de tu vida. Luego haremos otra tabla con los comentarios y observaciones de cómo te sientes. De esta manera práctica, pero efectiva, podemos ver qué está afectando a nuestro estado de ánimo en particular y ver qué puedo hacer, qué medida preventiva puedo asumir para ya no sentirme de esa manera. Puede ser que algún compañero de escuela haya estado abusando de los más débiles en la misma y no te ha gustado para nada. Ese ambiente está de más decir que es depresivo para cualquier joven. La única manera para prevenir ese estado emocional es haciendo algo al respecto, porque aparentemente quedarte con los brazos cruzados no ayuda en nada.

Esta acción en contra del *bullying* debemos hacerla sin poner en riesgo nuestra integridad física. Queremos ser parte de la solución, no del problema. Y si recurrimos a la violencia eso es lo que precisamente estamos haciendo, ser parte del problema. Busca a un adulto, ya sea maestro, trabajador social, conserje, quien sea, con tal de exponerle lo que está pasando y que se busque la mejor solución. Esta acción no solo mejorará tu estado de ánimo, sino que te hará sentir una satisfacción tan grande que te hará estar orgulloso de ti mismo. Así se matarían dos pájaros de un tiro, porque harás que se haga justicia en la escuela y te sentirás bien contigo mismo.

Estar activo es clave para nuestra salud emocional, hacer algo, lo que sea, pero hacer algo. Con mi diagnóstico de esclerosis múltiple yo empecé a buscar mucha información, me empapé del tema y a la larga esa información me ayudó mucho a lidiar con los síntomas, lo mismo se debe de hacer con la depresión. Leer un libro sobre el tema sería lo más pertinente, pero hoy en día nuestra juventud no cultiva ese comportamiento. Vivimos en una sociedad de la prontitud. Si quieres decir algo, lo tienes que hacer en la primera oración, tienes que decirlo todo, de lo contrario corres el riesgo de que pierdan la atención. Así es la selva en la que vivimos y con esa actitud nos privamos del placer de aprender.

Bueno, si la lectura no es tu fuerte, debemos de buscar otros medios en los cuales puedas cultivar tu mente y tu espíritu. Ese otro medio podría ser asesoría o ayuda emocional y espiritual a través de un sacerdote, pastor, psicólogo, chamán, no sé, con quien te sientas más seguro para que pueda guiar tu alma, tu espíritu.

En ocasiones, para guiar tu alma es necesario y muy importante un amigo de esos de verdad, de esos que con tan solo mirarte sepan lo que sientes y por lo que estás pasando, y de esos hay muy pocos. Pero, si lo encuentras, será de muy buena ayuda. Un amigo, en ocasiones, es la mejor terapia que puedas conseguir para obtener esa estabilidad emocional. A veces este amigo puede ser más efectivo que un psicólogo o terapista. Ciertamente un profesional de la conducta tendrá el conocimiento necesario para ayudarte, pero un amigo te conoce, sabe cuál es tu esencia y, sin duda, te podría ayudar. Mientras un psicólogo, terapista u otro profesional lucha por conocerte, tu amigo ya te conoce y esa es una ventaja. Pero ojo, tiene que ser la persona correcta, porque escoger al amigo, que ni siquiera debería llamarle como tal, podría ser muy perjudicial. Te hará dar diez pasos hacia atrás y eso no es lo que quieres, como el caso de Conrad III.

Y siguiendo con mantenernos activos, dedicar tiempo a esa actividad que tanto te gusta, que te apasiona. Encuentra eso que haga vibrar tu corazón y dedícale tiempo y energía a eso. Yo sé que para una persona como yo, con esclerosis múltiple, malgastar su energía es un lujo, pero no es un malgastar, es una inversión, es un «buengastar». Si dedicas tiempo a eso que te apasiona, que te gusta, no tendrás tiempo para sentirte triste, deprimido, y mucho menos tendrás tiempo para cometer una locura, como intentar quitarte la vida.

Se dice que una de las causas de la depresión es un desbalance químico en el cerebro, pero además hay otros factores externos que muy bien pueden llevarnos a realizar acciones de las cuales pudiéramos arrepentirnos, si tuviéramos tiempo. Sin embargo, estos factores externos además podrían salvarnos la vida. Lo que quiero decir con este pensamiento es que si en el momento que yo opto por quitarme la vida, uno de mis familiares o seres queridos está cerca, yo podría desistir de la idea. Cuando ese factor externo de momento no está cerca, optaré por quitarme la vida y no habrá nadie que me detenga.

Ahora imagina que ese elemento externo ya no es tan externo y se vuelve interno. Qué tal si en eso de hacer lo que te gusta, lo que te apasiona, encuentras el significado a tu vida, ese elemento externo, ahora se convierte en elemento interno; siempre estará contigo. Así, tal vez, salvaríamos vidas, así tal vez salvarías mi vida, tu vida.

Encontrar ese elemento interno en esos segundos tan necesarios sería salvar vidas en este mar de desesperación en el cual nos encontramos; para muchos, no solamente los que tenemos esclerosis múltiple, sino a todo aquel que sufre de depresión. Tal vez, he sido un poco grosero en mis anotaciones, pero nunca tuve la oportunidad de presentarme, lo que creo que es totalmente innecesario. Si mis anotaciones te pueden ayudar en tu batalla contra la esclerosis múltiple y la depresión, mi nombre en gran medida carece de importancia.

A mí en líneas generales me ha servido muchísimo la información que he obtenido, espero que te esté ayudando también. Sé que hoy día lamentablemente no se ve con buenos ojos la lectura, pero lo que muchos no saben es que la lectura y el estudio te abren puertas a otras posibilidades, te hacen libre cuando te estabilizas con la esclerosis múltiple y la depresión.

Una de las cosas que he aprendido es no ver la esclerosis múltiple como una enemiga, aunque para muchos, en cierta manera, lo es. Yo he entendido que la esclerosis múltiple está en mí, no se sabe la causa, ni cómo llegó ahí, pero ahí está. No se sabe por qué nuestro sistema inmunológico ataca a nuestro sistema nervioso. Una de las teorías revolucionarias contra nuestro sistema de salud es que hay un virus o toxina que se escondió de alguna manera en nuestro sistema nervioso y por esta razón nuestro sistema inmunológico lo ataca. Para mí, la esclerosis múltiple está en nosotros, forma parte de mí, forma parte de ti, tenemos que hacer las paces con ella. Porque al final es nuestro sistema inmunológico el que de alguna manera u otra está tratando de protegernos.

Quisiera hacer eco de las palabras de John King acerca de su condición de esclerosis múltiple. Y algunos me preguntarán, especialmente la comunidad latina, ¿quién es el tan John King? Bueno, no quiero decir que John King es famoso porque como tal podríamos entender cantantes, actores, actrices. Él es un personaje muy conocido en los medios de comunicación estadounidenses, es reportero de política de la cadena televisiva CNN y fue diagnosticado con esclerosis múltiple. Él dijo algo acerca de su condición que me impresionó muchísimo. Dijo que debemos aprender a abrazar los regalos que nos da la esclerosis múltiple. Y yo cuando leí eso me pregunté: *«¿qué posibles regalos me puede dar la esclerosis múltiple?»*. Él continuó diciendo que con la esclerosis múltiple habrá días malos y otros menos malos, pero nuestra mente tiene la habilidad de adaptarse al cambio y ser capaz de afrontar cualquier dificultad, y si algo tenemos los que padecemos de esta condición es el ser capaz de afrontar estos retos.

En la entrevista le preguntaron que después de 13 años de no querer decir que tenía la condición, ¿qué lo llevó a hacer público su diagnóstico de esclerosis múltiple? Dijo que en una entrevista se encontraron hablando de la influencia y la importancia de vacunarse de covid 19 y usar cubrebocas. El tema aquí en Estados Unidos se ha politizado mucho. Están los que dicen que no debemos vacunarnos, porque nuestro propio sistema inmunológico es capaz de vencer al virus, lo que podría ser cierto si tuviera una buena alimentación, óptima y saludable. Y mi pregunta honesta y sincera es «¿verdaderamente crees que tenemos una dieta óptima y saludable?». La mayoría de nuestros alimentos son procesados, muy lejos de ser saludables. Y, por otro lado, están los que dicen y creen que sería responsable que se vacunen y que usen cubrebocas, por lo menos casi todos. John King se vio obligado a hablar de su condición, ya que la mayoría de los medicamentos para la esclerosis múltiple comprometen nuestro sistema inmunológico, lo que nos hace vulnerables, por lo tanto, es muy importante que se vacunen y usen cubrebocas.

La realidad es que enfrentamos un mar de emociones contrarias. Un día podemos levantarnos felices, alegres; otro, molestos, angustiados; otros, tristes desesperados, sin ninguna razón. Esta montaña rusa de emociones es muy parecida al trastorno depresivo bipolar, como mencionaba anteriormente, pero menos intenso. No es parte de los síntomas de la esclerosis múltiple, pero eventualmente puedes desarrollar esta condición, a largo plazo.

Con todo este panorama quién puede sentirse mejor si cuando finalmente me estoy sintiendo bien, llegan noticias pésimas para desestabilizar mi salud emocional. La depresión es un demonio y uno muy grande que está siendo ayudado por nada más ni nada menos que la esclerosis múltiple. Pero tenemos que tener fe, creer en nosotros mismos y en la capacidad que el Todopoderoso ha puesto en los profesionales de la salud.

Me viene a la mente el caso de Selma Blair, verla en películas como *Legaly Blonde* y *Cruel Intentions* fue increíble, con una actuación magistral, y verla ahora, que apenas puede caminar y las dificultades para hablar, ni se diga. Al verla de esa manera pensarás que jamás se recuperará. Parte de su tratamiento fue tomar terapias de quimio y comenzó a perder el cabello. Los tratamientos para la esclerosis múltiple son tan diversos como sus síntomas. Y hay que decir que uno de los personajes que Selma interpretó era muy sexy. Tengo que aceptar que cuando vi una de sus películas, en su momento me acuerdo de *Cruel Intentions*, era muy joven, y hasta una erección me provocó.

Luego de meses de tratamiento, vi a Selma otra vez y se veía mucho, pero mucho mejor. Le había crecido el pelo nuevamente, se lo tiñó de rubio y lo que me sorprendió sobre manera fue su dicción, podía hablar sin ningún problema. Es de muchos saber que se puede dar vida a las palabras, bueno, las palabras te puedan dar vida también. La manera en cómo hablaba, su fluidez y su determinación, decía «I am back». No sé qué tipo de medicamentos se administraba o en qué terapia estaba, incluso ni sabía que utilizaban quimioterapia para la esclerosis múltiple, era la primera vez que escuchaba eso. Solo su doctor y ella saben bajo qué tratamiento estaba y está probablemente. Por eso siempre he pensado que la disciplina y determinación son muy importantes para la mejoría con la esclerosis múltiple.

Determinación es seguir al pie de la letra las indicaciones del doctor, disciplina, porque a veces no nos gusta lo que tenemos que hacer para sentirnos mejor, como niños que no quieren beber su medicina, pero lo tienen que hacer; hoy día, hasta le ponen saborizante para ver si así la toman.

Yo siempre le he tenido fobia a las jeringas, no me gustan y no sé si algún día me gustarán. Recibir quimioterapia creo que es peor y Selma simplemente lo hizo. Muy probablemente no le gustaba, como a mí las inyecciones, pero lo hizo, y eso es disciplina, hacer lo que tenemos que hacer, aunque no nos guste, y Selma Blair es un vivo ejemplo de eso.

Mencionando a Blair, me viene a la mente el caso de Christina Applegate. A diferencia de Selma, ella sí podía hablar muy bien; lo que no podía era caminar, incluso para poder mantenerse en pie en el podio necesitó ayuda de su excolega en la serie de televisión llamada *Married with Children,* Peggy, nombre del personaje que hacía de su mamá, ahora amiga que la mantuvo de pie mientras daba su discurso de aceptación. No solo hablaba correctamente, sino que hacía chistes al público, dejando ver sin duda su buen humor, que a pesar de la adversidad no agotaba, incrementable.

Creo que algo que debemos adoptar de ella es su actitud frente a la adversidad, porque ella de seguro no la estaba pasando bien con su condición. El hecho de que te estén homenajeando y que ni siquiera tú puedas mantenerte en pie por ti misma no ha de ser fácil. Ella, que en su personaje brincaba por aquí y por allá, ahora está en silla de ruedas, confinada a la misma. A pesar de todo ese panorama desolador su actitud era más optimista.

Si algo debemos aprender de ella es su optimismo y espíritu de lucha. Hay dos cosas que me gustaría resaltar de estas dos historias. Una es la disciplina y el coraje de Selma Blair, porque someterse a un tratamiento de quimioterapia probablemente sea muy doloroso y ser testigo de cómo su cabello se iba desprendiendo de su cabeza debió de ser muy duro para ella.

Y, por otro lado, Christina Applegate, su entusiasmo y su manera de afrontar su enfermedad. Dos grandes acciones para todo aquel que, como yo, se está enfrentando a la esclerosis múltiple. Y la actitud y el coraje de Christina, cuando yo fui recién diagnosticado con la condición sentía que el mundo se me caía encima, me tomó casi dos días asimilar la información. Espero algún día tener la disciplina de Selma para seguir el tratamiento que me ha tocado, que la voy a necesitar, y la calma emocional para enfrentar las dificultades de Christina, solo así podré vencer al demonio de la depresión. Hoy quiero dormir con este pensamiento en la mente de Christina y Selma y con suerte despertaré mañana con nuevas fuerzas. Buenas noches.

30 de abril de 2014

PERCEPCIÓN

Un nuevo día, con esta nueva energía que han dejado estas grandes mujeres, Selma y Christina, hoy me desperté con un nuevo propósito y es el siguiente: cambiar mi percepción. Por lo general para una persona con depresión, y yo añadiría esclerosis múltiple, su visión del mundo cambia, el sol deja de brillar y el cielo siempre está nublado y este panorama transformará a las personas y a ti mismo, y se harán más distantes. No dejaré que esta visión me aleje de mis seres queridos. Tal vez no sean las personas las que cambien, es nuestra percepción. Una percepción obstruida y construida en base a nuestros pensamientos. Que si soy tonto, que si soy un bueno para nada, que no valgo nada, que soy un idiota. Mi vida se está volviendo cada vez peor, les robo aire que los demás respiran, el mundo estará mejor sin mí. Y la lista sigue y sigue.

Quiero y voy a tener otra percepción de la vida y más energía. Porque esta percepción es agotadora, porque consume mucha energía. Cambia tus pensamientos y cambiará tu vida, y es lo que voy a hacer. Hoy voy a eliminar estos pensamientos derrotistas que me impiden ser feliz. Voy a podar mi alma, mi jardín y a cortar esa hierba mala que hace que se vea y se sienta mal mi paisaje. ¿Qué gran diferencia hubiese sido si en mi mente reinaran pensamientos como soy un ganador, soy un vencedor, todo lo que me proponga lo voy a hacer realidad? En gran medida, somos responsables de nuestra depresión y ya es momento de hacer algo al respecto. Muchas veces, creer que no somos capaces de hacer tal sueño realidad poco tiene que ver con nuestras capacidades o talentos, más bien tiene que ver con nuestra percepción. La realidad es que cuando este tipo de pensamiento llega, por lo general, también la idea de suicidio, y se encienden todas las alarmas.

Cuando me asignaron —me impusieron— una terapista por mis comentarios pesimistas, lo que hizo fue hablar y hablar conmigo, pero sobre todo escucharme. Me contó que hace algunos años atrás su esposo fue diagnosticado con una rara enfermedad conocida como cáncer. Vivimos en el siglo, tal vez en el milenio de las enfermedades raras. De esta, al igual que de la esclerosis múltiple, no se sabe la causa, no tiene cura, solo hay medicamentos para tratar algunos síntomas y hacer del dolor más llevadero. Al final me pregunto si la vida no es solo eso: hacer de la misma una más llevadera, pues al final a todos, inevitablemente, nos espera la muerte.

Me dijo que estaba muy molesta con los doctores, con el mundo, con la vida, con Dios. ¿Por qué esta rara enfermedad, de los millones y millones y millones de personas en el mundo, tuvo que haberle dado a su esposo? ¿Por qué, si hay tantas personas malas, que se merecen morir, tuvo que darle esa enfermedad a su esposo? ¿Por qué se lo quitó tan pronto? Muchas preguntas sin respuesta y todas dirigidas a Dios.

Ella, sin saberlo, estaba haciendo las preguntas que yo alguna vez hice. Me dijo que en esos momentos se sentía muy mal y lo único que hacía para sentirse mejor era caminar en las mañanas mientras el sol encontraba su lugar en el cielo. Mientras caminaba daba la impresión de que podía sujetar el sol con sus dedos; con esa fuerza casi invencible, por lo menos así se sentía ella. Continuó con sus cuestionamientos a Dios, solo que esta vez sí tuvo respuesta, le dijo en su mente y corazón: «Las criaturas humanas quieren responsabilizar a alguien de aquello que no pueden explicar o encontrar alguna razón, ¿y a quién mejor que a mí? Dios, guerras, matanzas, desastres naturales y ahora enfermedades. Sin saber que los autores de tales guerras y matanzas son ellos mismos. Toda esta violencia que se da, incluso en las escuelas, se da porque han dejado de escucharme».

Y con toda la verdad, hoy día en las escuelas se les tiene prohibido hablar de Dios, pero sí pueden invitar a un transexual a que hable de fantasías incoherentes. Los fenómenos naturales son producto del poco cuidado que le damos a la naturaleza y se ha dado algo conocido como calentamiento global. Cortamos árboles y árboles sin parar y somos incapaces de sembrar, aunque sea solo uno. Las enfermedades pasan al azar, hay unos a los que les da cáncer, hay otros a los que no, hay unos a los que les da esclerosis múltiple y a otros no. Por otro lado, nuestra alimentación no es la más adecuada, está lejos de ser saludable. Nadie nace enfermo, todo esto puede ser resultado de nuestros hábitos alimenticios y de nuestro sedentarismo. Tal vez, no podemos decir que esto está 100 % comprobado, pero eso tampoco nos da la autoridad de responsabilizar a Dios, cuando esto es resultado de nuestras acciones y sobre todo de nuestras inacciones. Acciones que destruyen el medio ambiente solo para satisfacer nuestras propias necesidades egoístas.

Por mencionar solo una, en medio de las miles y miles existenciales, el consumo de un dulce en particular —la crema de cacao— provoca la deforestación de un árbol de palma que es donde se obtiene el aceite para elaborar la misma. Además, en el proceso se envenena el suelo y como si esto fuera poco se está destruyendo el medio ambiente de los orangutanes, poniéndolos en peligro de extinción. Por esto no podemos culpar a Dios, no creo que en la última cena comieran Nutella. Nos encanta buscar culpables para no hacer nada, absolutamente nada, para aliviar el dolor que ha causado esta acción. Y alguno que otro dirá: «es que no fui yo», y ahí está el reflejo de nuestro egoísmo; no derribaste el árbol, pero sí has comido Nutella, parte del problema, no de la solución. Si tienes algún ser querido que sufre de algo, lo llevas inmediatamente con el doctor, al hospital; no te detienes a buscar culpables, su bienestar y estabilidad son prioridad, o por lo menos así debería ser, por sentido común, pero algunos no lo tienen.Ante un panorama así, no sería justo buscar culpables, y mucho menos querer culpar a Dios. Creo que sería más que justo pensar que no he sido muy cauteloso en lo que se refiere a mi alimentación, en lo que se refiere a mi salud. Como, por ejemplo, uno muy claro: cuando tengo hambre, tomo lo primero que veo sin tener en cuenta si tiene algún valor nutritivo, como una Nutella, por ejemplo, lo tomo solo por el sabor o el olor. Visto que nadie sabe qué es lo que causa la esclerosis múltiple, quién sabe si esto se debe a una pobre alimentación, o si esto incluso ha contribuido a mi depresión. Quién sabe, sabemos tan poco de nuestro cuerpo.

¿Por qué hay ocasiones en las que siento terribles ganas de llorar? La otra vez estaba viendo la película *Titanic*, la cual he visto en múltiples ocasiones, a causa de mi esposa y mis hermanas. Siempre he pensado que Jack murió porque Rose no lo dejó subir al pedazo de madera, en el cual podía encontrar espacio para él. Bueno, los que no han visto la película no saben de lo que estoy hablando, pero creo que es imposible que no la hayan visto, aunque quién sabe. El punto es que de repente comencé a llorar sin ninguna razón. Este cambio abrupto emocional no es usual en los hombres. Eso es lo que nos han hecho saber en nuestra cultura machista. Sin embargo, la esclerosis múltiple y la depresión nos han enseñado que no solo es correcto, sino saludable. Tal vez sea inexplicable porque sentimos lo que sentimos, pero lo que sí es seguro es que expresar nuestras emociones es saludable.

Es como una mujer cuando está en su periodo, un día se despierta enojada, otro triste, sin saber por qué. Aunque no conocemos los orígenes de la esclerosis múltiple, lo que sí podríamos hacer es tener control de cómo vamos a reaccionar a tales emociones. Un ejemplo muy sencillo: si un día estoy bien, tranquilo, y al otro muy enojado, lleno de ira, sin ninguna razón y comienzas a pelear y discutir con tu pareja, ¿cómo hace esto sentir a tu pareja? Sé que es altamente recomendable que expreses tus emociones y sentimientos, pero no de esa manera. Busca maneras más saludables y creativas de expresar tus emociones.

Siguiendo con el caso de la ira, no sabemos por qué estamos llenos de ira, no sabemos, pero esa no es la pregunta de momento importante, no hagas a tus seres queridos recipientes de esta ira. Detente, entiende que lo que sientes es debido a un cambio hormonal, del cual tus familiares no son responsables. Esto es resultado de nuestra esclerosis múltiple o depresión, no de nuestros seres queridos.

Primer paso: hacerte consciente de esto. Si tu familiar quiere hablar, podrías decirle que no te sientes bien ahora, no le digas que estás molesto porque podría malinterpretar las cosas, solo dile que te sientes mal y que luego hablarás con ellos, cuando la intensidad de esa emoción haya mermado. De la tristeza que sucede cuando te levantas muy triste, sin razón, como suele pasar, como me pasó cuando estaba viendo la película de *Titanic* en su ocasión número mil uno. Ya sabía el final, y hasta me había inventado otros alternos, que, según yo, haría de la película una más interesante, sin importar la veracidad de los hechos.

¿Qué sucedería si te levantas llorando de manera compulsiva y descontrolada y algún ser querido, como tu mamá, te viera? Se va a preocupar sobremanera y la pregunta obligatoria sería: «*¿qué te pasa?*». No podemos responder una pregunta de la que ni siquiera nosotros sabemos la respuesta. Pero lo que sí sabemos es que no queremos preocupar de más a nuestros familiares, tampoco queremos reprimir esa emoción. ¿Qué hacer? Primero decirle a nuestro ser amado que nos permita un tiempo a solas y en tu soledad llorar, desahogarte, vaciarte de ese dolor. En el proceso puedes poner música para que tu familiar no te escuche. Te tienes que vaciar de ese dolor y sufrimiento que llevas dentro, es saludable.

Hay que tomar en consideración, el cómo se sentirán tus seres queridos si te escuchan sufriendo. Tal vez, de momento no tenemos la solución para lo que estamos sintiendo, por ahora, pero, en definitiva, lo que no queremos hacer es dañar a otros. ¡Qué irónico!, estamos dispuestos a dañarnos a nosotros mismos, pero no a otros. Hay algo que se llama familia y es nuestra razón para seguir luchando.

Creo que la noción de familia se pierde cuando estamos en un episodio depresivo. En este episodio solo bastan segundos para tomar una decisión terrible, como quitarnos la vida. Los segundos que se mencionaron anteriormente, donde es importante tener ese factor interno que juegue en nuestro favor.

Hay personas que piensan que el suicidio es un acto de supremo egoísmo, donde solo pienso en mi dolor y sufrimiento, pero no en el dolor y sufrimiento que voy a causar en mis seres queridos. No nos imaginamos el infierno que vamos a crear, posiblemente igual o peor que el que estamos pasando. Creo firmemente que si regresáramos al pasado, recordáramos y reviviéramos esos momentos que estuvimos con nuestros seres queridos, nuestra madre, nuestro esposo o esposa e hijos, definitivamente, la idea del suicidio sucumbiría, pues no querríamos que ellos pasaran por ese dolor. Estoy seguro de que en nuestros momentos de angustia no pensamos en eso. Porque, muy seguramente, si pensáramos así, desistiremos de la idea, de hacernos daño.

De hecho, si pensáramos en todos esos momentos hermosos, risas, abrazos, besos, el pensamiento de quitarnos la vida desaparecería. Solo recordando esos momentos hermosos veremos que la muerte no tiene espacio ahí. Al terminar este día quiero hacerlo recordando a mis seres queridos, sus abrazos en el día de mi cumpleaños, la sonrisa orgullosa de mi madre que la iluminaba, quiero cerrar mis ojos con esa imagen.

5 de mayo de 2014

HACER EL AMOR, UN ACTO INTELECTUAL

Es curioso decir que nuestras relaciones, especialmente las más cercanas, pueden verse afectadas por la depresión combinada con la esclerosis múltiple; pero son estas mismas relaciones las que nos pueden ayudar a salir del hoyo. ¿Cómo recurrir a esta ayuda sin lastimar a los demás en el proceso?

Parte muy importante de mi familia, mi esposa... No recuerdo cuándo fue la última vez que tuve sexo con ella, pero ese sexo bien pasional, animal. Hoy veo eso como un recuerdo muy distante, lejano. Qué triste, ¿no? Pues este tipo de relación se ve muy afectada con la depresión, creo que es la principal relación afectada. Me pregunto si eso tal vez me hubiese ayudado a superar la misma. Qué complicado, ¿no? La solución al problema sería vencer un síntoma, un reto. La realidad es que los momentos afectivos también han mermado, es de esperarse que también los momentos íntimos.

La realidad es que no me siento como para realizar o intentar al menos esos momentos. Me siento a morir, cómo voy a provocar una caricia cuando estoy casi inerte. Ahí está por qué el sentimiento antecede la acción. Qué tal si intento invertir ese proceso. Una acción para así intentar provocar y estimular al deseo. Un beso, una caricia, un abrazo, sin que ella lo espere, sin ninguna razón aparente. Voy a intentarlo. Esto sí debiera ser un reto, porque la intimidad podría ser una solución a la depresión, pero a la misma vez es la incapacidad de tener un efecto secundario de los antidepresivos y de la esclerosis múltiple. Es como si la vida se negara a brindarnos este placer, uno de los más intensos que una persona pueda experimentar.La depresión es una tristeza muy intensa y constante. Para tener un acto sexual con una fémina se tiene que estar excitado. Ambos estados emocionales son totalmente opuestos, no se puede estar triste y excitado a la vez. Podemos llegar a una conclusión prematura: para poder tener un acto sexual debemos tener cierto grado de felicidad. Y esto se convierte en uno de los grandes retos y misterio de la vida. ¿Quién llegó primero el huevo o la gallina?, ¿la felicidad o el sexo? ¿Cómo tengo intimidad si estoy triste? Para hacer de este mal uno peor, la disfunción podría ser parte de mi depresión y de mi esclerosis múltiple, mi amigo podría estar muerto allá abajo.

Pero a quién puedo engañar, mi relación con mi esposa se ha deteriorado bastante por mi condición dúplex (depresión, esclerosis múltiple). Si estudiamos los casos de personas con esclerosis múltiple cuyas relaciones se han visto afectadas por la misma, los resultados son verdaderamente alarmantes. No me sorprendería que al terminar estas notas yo sea parte de las estadísticas. Claro está, siendo justo y objetivo me he sacado la lotería con mi esposa, porque es muy comprensiva, me entiende, cuando ni yo mismo lo hago. Tengo que ser fuerte por ella, sé que tengo que ser fuerte cuando incluso quiero llorar. Con amor, solo con amor venceremos esto, sé que cuando tu compañera te ve llorar es un signo de debilidad, eres un hombre y los hombres no lloran. Machismo a la tercera potencia.

Todos esperan grandes cosas de ti, pero tú no esperabas a la condición, la enfermedad, lo que cambia las reglas del juego. Primero, te arrebata las pocas energías que tienes y con esa energía se van las ganas de hacer eso que tanto te gusta hacer. Y cuando lo que te apasiona ya no se puede hacer, no te asombres de que llegue la depresión y las pocas ganas de vivir. Y si no tienes ganas de vivir, ¿cómo vas a tener ganas de hacer el amor?

Es una ecuación que podría ser letal. No tienes energía, no tienes deseo y el resultado podría ser nocivo. A diferencia de lo que muchos podrían pensar del acto sexual, este proviene de la cabeza y no de la que tienes en medio de las piernas, sino de la que está arriba de tus hombros. El cerebro controla todo nuestro cuerpo, y nosotros —los que tenemos esclerosis múltiple— lo sabemos muy bien. El deseo sexual se da por la interacción de sustancias químicas en el cerebro, incluyendo el hipotálamo, que es el responsable de regular nuestras emociones, temperatura, sed, hambre y otras necesidades básicas. Tal vez, será por esta razón que cuando vemos una fémina que encontramos muy atractiva decimos que nos las queremos comer. Será por esta razón, además, que, al estar con una persona del sexo opuesto por la que sentimos cierta atracción, nuestra temperatura corporal comienza a cambiar. ¿Quién dijo que el acto sexual no es un acto intelectual?No es un proceso intelectual en el cual necesitas teoremas, o algo por el estilo, para que funcione, pero forma parte de nuestro cerebro. La evidencia de esto es que intervienen sustancias químicas que fungen como neurotransmisores que aumentan el flujo sanguíneo en nuestros órganos sexuales. Y cuando no hay suficiente flujo sanguíneo en el órgano masculino es cuando se da la impotencia. Y venimos otra vez con el tema de las sustancias químicas y su desbalance o falta de las mismas. Aparentemente causa de nuestra depresión y ahora también de nuestros problemas sexuales. Me pregunto, ¿qué tanto tendrá que ver esto con la esclerosis múltiple? Ahora volviendo con el tópico sexual, si a este problema químico se le añade la depresión y su estado anímico que lo caracteriza será una acción casi imposible, ¿será posible que, al igual que con la depresión, si logramos ese balance químico en mi cerebro pueda obtener nuevamente una vida sexualmente plena? La realidad es que, al igual que con la depresión, hay factores externos que me podrían impedir llegar a la tierra prometida, literalmente hablando.

Yo no tenía ningún problema íntimo con mi pareja, hasta que escuché que uno de los síntomas comunes de la esclerosis múltiple en el hombre son problemas sexuales, específicamente problemas de erección y obviamente incapacidad de llegar al orgasmo. Pero no tenía nada de eso hasta escuchar del tema, lo que me hizo pensar que es mental. Y luego escuché del tema de la baja autoestima sexual, que es la idea de que no vas a poder consumir el acto. Esto me llevaría a la siguiente conclusión: tu pobre desempeño sexual sí se podría deber a este desbalance químico, pero además a factores muy internos, como el no creer en ti mismo, el creer que no puedes. Se puede alcanzar este equilibrio químico de manera natural, ya que acudir a las opciones farmacéuticas podría tener consecuencias muy adversas.

Por lo tanto, para vencer nuestra depresión y nuestra baja autoestima sexual debemos vencernos a nosotros mismos y luego tratar de alcanzar este equilibrio emocional químico que tanto necesitamos. Ese término me gusta mucho: el balance químico emocional natural.

¿Por qué hago tanto énfasis en lo natural?, bueno, voy a ser claro en esto, en un momento en el cual estaba teniendo un encuentro con la que ahora sería mi esposa, escuché un comentario de ella que puede ser devastador para cualquier hombre y lo fue para mí, y el comentario fue: «qué chiquito». Hasta el día de hoy no sé, ni quiero saber, por qué hizo ese comentario. Lo que sí sé es que esa noche que debería ser mágica no pudimos —más bien no pude— hacer nada. Tengo la esperanza de que con lo natural pueda derribar esa pared.

Fue decepcionante para mí, no me puedo imaginar para ella. Eso y el descubrimiento de que parte de la esclerosis múltiple es tener problemas sexuales hizo que fuera imposible consumir el tan esperado acto. Desde ese momento estoy tomando medicamentos como Viagra, Cialis, entre otros. Estas recetas las tuve que enviar a farmacias en Canadá, donde los medicamentos están a menor precio, más accesibles. En el preciso momento que utilicé los medicamentos, tuve la erección, no el deseo. No sé si eso se debía a la vergüenza de tener que utilizar pastillas para estar con mi compañera. A esto se le podría añadir que estoy muy decepcionado de mí por llegar a este punto, aunque sé que no es mí culpa, pero igual el sentimiento no se va con este hecho.

Me pregunto, y esta interrogante llega con ímpetu a mi mente, ¿los medicamentos que estoy tomando para mi depresión tendrían que ver con algo de esto? Sí es cierto que ya no me siento triste, en momentos, pero tampoco siento deseo, es como si estuviera en *mute*, inactivo totalmente; parece que para quitarte la depresión tienen que apagar este interruptor, literalmente. Después de todo los antidepresivos son inhibidores de la serotonina que puede tener efectos muy adversos en el deseo sexual. No es sorprendente que muchas parejas de personas, donde uno de ellos tiene esclerosis múltiple, abandonen el barco ante un aparente hundimiento.

Como si no fuera poco lo que tenemos que vivir con la esclerosis múltiple y sus síntomas, nos vamos encerrando en la prisión de la depresión y la sexualidad. Nadie sabe por el infierno que está pasando una persona con esclerosis múltiple, la urgencia constante para ir al baño, para colmo no puedes caminar correctamente, mucho menos correr, dolor en el cuerpo, poca energía y ahora depresión y dificultad para tener intimidad, ¿¡qué más!?

Es de todos saber que las relaciones son muy importantes, es la manera en que se expresa el afecto. Incluso cuando mi esposa y yo estábamos enojados y teníamos intimidad de manera agresiva era hermoso. Extraño muchísimo esos encuentros. Los profesionales del comportamiento humano dicen que, aunque las relaciones íntimas son importantes en las relaciones humanas, el paciente de depresión debe enfocarse en superar su condición. Ante un panorama como este, creo que sería importante tener algún tipo de terapia, y hablar con tu doctor para que te recete otros medicamentos que no comprometan tu deseo sexual, o lo que sería mejor: recurrir a suplementos naturales como la vitamina B12, complejo B, magnesio de citrato y *ashwaganda*. Lo mejor de todo esto es que no tendrás todos los efectos secundarios de los antidepresivos. Lo que es sorpresivo y preocupante a la vez es que los doctores pudieran tener algún acuerdo con las farmacéuticas, y ya los pacientes no tendrían opción. Estas otras alternativas son ocultadas.

La *ashwagandha* es un antidepresivo natural que, en pruebas, ha demostrado tener los mismos efectos positivos que los antidepresivos convencionales, pero, y esto es importante para nosotros, sin los efectos secundarios de los mismos. Sé que las relaciones sexuales son importantes, a menos que hayas optado por una vida en celibato, consagrada a Dios; de otra forma, es parte natural del desarrollo humano. ¿Cómo decirle a una persona con esclerosis múltiple que sufre de depresión y que a causa de los antidepresivos no siente nada y sabe lo importante de ser afectivo con su pareja, pero no puede manifestar nada? Una porque no siente nada o porque sienten miedo a la posible reacción de su pareja, a los intentos fallidos. La persona que tenga esclerosis múltiple que diga que no se ha sentido encerrada en su propia cárcel miente.

Por lo tanto, es un hecho que, con la intervención de los antidepresivos, el deseo sexual muere, porque no sientes NADA, ni tristeza ni excitación. Como si los problemas con la esclerosis múltiple fueran pocos, muchos promueven un diálogo con tu psicólogo para que te recete otros medicamentos que no comprometan tu deseo sexual. Me pregunto si existen y si funcionan del todo, los profesionales apuestan a esta herramienta. En lo personal me muestro muy escéptico, para mí otro tipo de acercamiento debería ser el ideal, el natural.

No hay duda de que la depresión va a afectar todas tus relaciones, como creo que ya he dicho anteriormente, te vuelves irritable en especial con tus seres más cercanos, como tu pareja. Tu pareja, que debería ser tu fuerte en todo este proceso, se vuelve víctima, y esto rompe en mil pedazos mi corazón. Duele que la persona que más amas tenga esclerosis múltiple contigo, aunque ella no haya sido diagnosticada. Pero me niego a rendirme, la esperanza es lo último que se pierde y para mí aún queda mucho.

10 de mayo de 2014

ACERCAMIENTO NATURAL

Creo que un buen doctor no te puede decir, a ciencia cierta, cómo la esclerosis múltiple te va a afectar, lo que sí te puede decir que estará ahí en todo el proceso, si tiene como norte la honestidad.

Como les mencioné anteriormente, y si no lo hice, lo hago ahora, una de las primeras cosas que hice cuando fui diagnosticado fue comenzar a aprender más y más de la condición, quería estar preparado para afrontar los síntomas. Todavía tengo esos recuerdos vivos en mi mente. Hace algunos años atrás, las enfermeras estaban inspiradas, te daban talleres educativos donde invitaban a neurólogos a hablar de la condición. Lo hacían en restaurantes, con la comida incluida, mi esposa siempre estuvo ahí para aprender conmigo, con esa hambre de querer aprender más; sé, por convicción, que por la comida no era, pues es vegana, y en ocasiones ni el plato de comida tocaba. Ahora me doy cuenta de que no eran las enfermeras, sino las farmacéuticas que dejaron de patrocinar tales eventos. Con el tiempo a las enfermeras también les dejaron de pagar.

Ese deseo de querer aprender más de la condición y así poder lidiar de manera más efectiva y saludable con la misma es una gran muestra de su amor. Ese apetito por querer saber más, en ocasiones más que yo, para mí era afrodisiaco y hacía de mi propia búsqueda, una prioridad. En otros tiempos mis prioridades serían otras, a qué lugar vamos, qué ropa llevamos, procuraría que ella llevara una muy sexy, y si el destino era la playa, mejor. Ahora, ni siquiera a la playa puedo ir por mi hipersensibilidad al calor.

Nuestra mayor prioridad y preocupación ahora es cuándo será el próximo taller para aprender más de la condición. Ella además me ha enseñado a no tener miedo de expresar mis emociones y sentimientos. Muy temprano me di cuenta de que con mi esclerosis múltiple experimentas una gama de emociones. Ella me enseñó que no tengo que temer a expresarlas. Me enseñó, además, que la única manera de liberarse de ellas es expresándose, y con quién mejor que con ella, que no me factura por hacerlo como los psicólogos o terapeutas. A mí me ha servido más que una psicóloga, además de que me ha ayudado a preservar mi energía, eso que parecía ser un verdadero reto.

Por lo menos, cuando la familia va a realizar algún evento, como ir a la playa, por ejemplo, ella en la intimidad me deja saber de antemano si yo creo que es una posibilidad. Porque son importantes esos momentos en familia y sabe lo incómodo que me hace sentir decir no y ella me prepara de antemano. Porque no quiero que cancelen los eventos por mi culpa.

A veces pienso, o por lo menos esa es la sensación, que los tíos consentimos sobremanera a nuestros sobrinos, como si fueran nuestros hijos. Los padres tienen que disciplinar a sus hijos, yo no creo que tenga la fuerza para reprender a mis sobrinos con el rigor que esto implica. Soy de los que siempre ha pensado que la mejor muestra de amor es la disciplina con dureza, sin miedo a ejercerla si es necesario. Con mis sobrinos todo eso se fue abajo, y decepcionarlos por no poder ir a algún evento quebranta mi corazón.

Por otro lado, en la intimidad, que es una actividad en la cual no se debe de escatimar en energías, es una tarea un tanto imposible para mí. Creo que solo una persona con esclerosis múltiple sabe cómo se siente ver a tu pareja con ropa interior, que se ve extremadamente ardiente, como una actriz porno, atractiva —y puedo llenar mis notas con mil adjetivos—, y no poder tocarla ni hacer nada. Para mí es una de las torturas más grandes de la esclerosis múltiple. Si Dios orquestó un plan para castigarnos, ahí está. Un acto normal y natural de amor se vuelve otro de mis tantos imposibles. Es muy, muy difícil expresar algo, por otro algo llamado fatiga.

Con el caso de la fatiga lo que me ha funcionado muchísimo es detectar en qué momentos del día tengo más energía, y esos momentos son en la mañana. Entonces, en esos momentos de la mañana, he optado y aprendido a ponerme más romántico, y si todo sale bien... ¡qué manera de comenzar el día! Es delicioso, no hay nada imposible con la esclerosis múltiple, difícil sí, como todo en la vida.

Ella ha sido, como comenté, muy comprensiva, yo, sin duda, me saqué la lotería con ella, y no sé cómo pagarle por todo lo que ha hecho, no sé si algún día lo podré hacer. Y eso es lo que parte mi corazón y tal vez sea el factor que contribuya a mi depresión, el no ser capaz de corresponder a ese amor.

Por consiguiente, ni siquiera debería de pensar en quitarme la vida, ¿cómo sería capaz de hacerle algo así? Y esto es lo que me hace más fuerte, creo que no debería de ser egoísta y dejar de pensar en mi dolor y comenzar a pensar en la felicidad de otros. Y un pensamiento que llega a mi mente es «¿cómo puede ser posible que haga a otras personas felices cuando ni siquiera yo puedo serlo?». Escapa de mi control que una persona sea feliz con mi presencia, pero yo no soy quién para juzgar su salud emocional. Tampoco soy nadie para privarla de su felicidad.

La felicidad es la antítesis de la depresión, y esa felicidad depende de cada quien. Tu felicidad debe estar en ti, no en terceros, cuando entendamos esto tendremos la mitad del camino ganado. De acuerdo con un estudio realizado por la ONU, dentro de los diez países más felices del mundo no está Estados Unidos, si tenemos en cuenta que Estados Unidos es una; sino, la nación más rica del mundo, este supuesto dinero no está asociado con la felicidad. Estados Unidos podría comprar muchas cosas, pero no la felicidad.

Estados Unidos, o bueno, sus habitantes, consumen muchos antidepresivos, y tal parece ser que estos no traen consigo la felicidad, ni siquiera la paz. Estados Unidos es uno de los países más violentos del mundo, ni siquiera en las escuelas se puede estar en paz. La evidencia de esto son los múltiples tiroteos que ocurren cada año, por los mismos jóvenes, y mientras escriba esto posiblemente ocurran más.

El tema de la felicidad es uno muy subjetivo, lo que me hace feliz no necesariamente hará feliz a otra persona. Un ejemplo, a mí me encanta, me apasiona leer. Podríamos decir que leer un buen libro me hace feliz. Pero puede ser que tú odies la lectura, a ti te aborrece leer. Para ti leer no es sinónimo de felicidad, sino de enfado.

Por consiguiente, para alejar la depresión debes de identificar qué te hace feliz, y dedicarle más tiempo a esa actividad. De igual forma, identificar cuáles acciones te causan repugnancia y evitarlas. *«¿Será este el secreto de la felicidad?»*. Problemas complejos, soluciones prácticas, la vida no es complicada, nosotros somos complicados. Hasta hoy he llegado, voy a poner a descansar mi lápiz y mañana me dedicaré a hacer una lista de sugerencias para lidiar de manera más óptima y saludable con la depresión.

15 de mayo de 2014

LISTA DE OPCIONES NATURALES

RECETA

Hoy quisiera comenzar mis notas en este diario improvisado con lo que parece ser la última curva de momento, porque no creo que deje de realizar esta actividad de escribir que me ha resultado muy, pero muy útil para gestionar mi depresión, de manera constructiva y, de paso, mi esclerosis múltiple. He descubierto en mis casuales investigaciones que, para alejar la depresión, hay que limpiar nuestro cuerpo. Y no me refiero a un simple baño de manera externa superficial, sino a una limpieza profunda interna.

Se ha descubierto que el intestino y el cerebro se comunican entre sí. El cerebro envía mensajes y órdenes al intestino, y el intestino al cerebro. Es de saber que en el intestino delgado y grueso hay una flora intestinal, bacterias buenas que ayudan a descomponer los alimentos. Y aunque pareciera que esto no tiene nada que ver con nuestra depresión, sí tiene y mucho. Solo denme una oportunidad para explicarle.

El intestino delgado se encarga de separar los alimentos, saca los nutrientes, grasas buenas, y todo lo que necesita nuestro cuerpo, y a través de nuestro torrente sanguíneo las envía a nuestros tejidos, órganos y sistemas que la necesiten. Y lo que no necesite va a nuestro intestino grueso, para posteriormente desecharlo. Todo esto se hace gracias a nuestra flora intestinal o bacterias buenas.

¿Qué pasa cuando nos enfermamos? Bueno, lo primero que hace el doctor es darnos antibióticos. ¿Qué es lo que hacen estos antibióticos? Arrasan con todas las bacterias, incluyendo las buenas. No digo que esto sea malo, a veces es necesario para que volvamos a sentirnos bien. Lo que pasa es que en orden de que nos sintamos totalmente bien, debemos regenerar la flora intestinal nuevamente.

Se ha descubierto que el no tener en buenas condiciones nuestra flora intestinal puede provocar o causar depresión y ansiedad. Esta es una posible causa de nuestra depresión y de la que seguramente no nos han hablado. Y lo que tenemos que hacer para trabajar con este atenuante o posible causante de nuestra depresión es consumir probióticos que regeneran nuestra flora intestinal y hará que nuestra salud emocional se estabilice. Hay otros factores que hay que tener en consideración, este es solo uno.

Estos probióticos se pueden conseguir en farmacias de productos naturales, hoy día en las convencionales, también se pueden obtener del yogurt, kéfir (líquido, tres onzas por día en adulto). Cuando vi el envase por primera vez, casi me lo tomo completo, pero no, si no te va a caer mal. Otro producto de donde puedes conseguir probióticos es el kimchi. El kimchi yo, en lo personal, no lo he probado, se ve un poco asqueroso. He visto que lo hacen con pasta, pero ni así se ve apetecible.

Estos probióticos van a ayudar a que se regenere nuestra flora intestinal que está compuesta por microorganismos vivos, bacterias buenas. Estas bacterias buenas, como todo ser vivo, necesitan alimentación y sus alimentos son los prebióticos y los mismos los puedes encontrar en alcachofas, ajo, espárragos y cebolla. Los prebióticos, al igual que los probióticos, se pueden encontrar en farmacias naturales. Regenerar nuestra flora intestinal es alimentar las bacterias buenas que componen la misma, es el primer paso para obtener esa estabilidad emocional que tanto buscamos con la esclerosis múltiple. No hay soluciones sencillas, lo duradero implica un proceso. Yo creo fielmente que, para lograr esa estabilidad emocional, se puede dividir en dos partes: física y la emocional-espiritual. Aquí de momento estamos trabajando con lo físico.

Además, de regenerar esta flora intestinal está el protocolo de jugo de zanahoria hecho y promovido por el Dr. Ludwig Johnson. De acuerdo con este doctor todas las enfermedades tienen cura, incluyendo las enfermedades autoinmunes, como la esclerosis múltiple. Esto se da a través de una desintoxicación con jugo de zanahoria. Según él, el jugo de zanahoria elimina toxinas y todo elemento que nos tiene enfermos. Tiene varios protocolos, el más sencillo es el cinco por cinco, que es beber cinco vasos de 8 onzas de jugo de zanahoria por cinco días, que hacen un total de 40 onzas. 40 onzas de jugo de zanahoria por cinco días. Pero esto es importante, debes evitar lácteos, granos, frijoles, harinas, arroz, lentejas, cereales, trigo, semillas, almendras, avellanas, pistachos y maní tres días antes y durante el protocolo de los 5 días que estás bebiendo los jugos de zanahoria.

Estas 40 onzas de jugo de zanahoria no se pueden hacer en licuadora, sino en un extractor. Y esto porque con la licuadora perdemos falcarinol y terpenos, elementos de mucho valor para nuestra desintoxicación. En este proceso de limpieza ¿qué podemos comer? Si supiéramos la importancia que tiene nuestra alimentación, sin duda, seríamos más cautelosos a la hora de ingerir alimentos. Gran parte de nuestros problemas emocionales radican en nuestra pobre alimentación o por lo menos en la inconsciencia de su relevancia, y nos echamos cualquier cosa a la boca. En lo personal, creo que la falta de educación en lo que se refiere a una buena y sana alimentación y su importancia en nuestra salud es lo que radica en nuestra situación actual. Y no es culpa de nuestros padres, tal vez ellos tampoco recibieron tal instrucción de sus padres, nuestros abuelos. Tenemos que romper esa cadena. Bueno, podemos comer proteína animal, pero siempre acompañada de una advertencia: puedes comer carnes, para nuestra felicidad, pero estas tienen que ser bajas en grasas, el término para este tipo de carne es magra. Además, puedes comer papas, huevo, yuca, plátano macho, frutas y vegetales.

No puedes hacer este protocolo si estás embarazada o estás tomando algún medicamento. En adición, en personas con una diabetes descontrolada —de más está decir que la zanahoria tiene mucho azúcar—se tiene que evitar. Con la zanahoria se pueden hacer cosas muy deliciosas, el jugo además de saludable goza de un muy buen sabor.

Dentro de los alimentos que debemos evitar está la leche y lácteos como yogurt y queso. En el caso de la leche, sus sustitutos son muy sabrosos; en mi caso yo la cambié por leche de coco, muy rica, no sentí el cambio. También hay leche de almendra, de arroz, de avena, entre otras opciones.

Estas 40 onzas de jugo de zanahoria las puedes beber durante el día: 8 onzas en la mañana, 8 onzas al medio día, 8 onzas en la tarde,

8 onzas en la noche y 8 onzas al dormir. No es tan pesado. O también puedes beberte las 40 onzas de un solo trago, como lo hago yo, tú eliges como lo quieras hacer.

Ya hasta aquí hemos analizado dos pasos muy importantes para nuestra estabilidad emocional:

1. Flora intestinal.

2. Desintoxicación a través del jugo de zanahoria.

Todo lo mencionado anteriormente tiene que ver con nuestra limpieza interna, tan importante para nuestra estabilidad emocional. Otra pieza importante es nuestra depresión, ¿los antidepresivos puedes obtenerlos de forma natural, sin sufrir los terribles efectos secundarios que prácticamente te ponen en estado de *mute*?

En mi afán por encontrar una respuesta a esta pregunta, encontré un medicamento natural llamado *ashwagandha*. La *ashwagandha* es una hierba que en estudios ha resultado muy efectiva para manejar el estrés y la ansiedad. También ha servido como antidepresivo, solo que, al ser natural, no cuenta con los efectos secundarios de los antidepresivos convencionales, como mencioné anteriormente. Lo que es un alivio para nosotros, los que tenemos esclerosis múltiple.

Quisiera mencionar los beneficios que tiene esta planta. Mencioné que es un antidepresivo natural, este es uno de los atributos más importantes para mí, en lo personal. Mejora la calidad de tu sueño. Pues creo que está claro que, sin preocupaciones, ni estrés, regresa el sueño que una vez tuvimos de bebés.

Otro de los beneficios —esta vez para los diabéticos— es que esta hierba también ha demostrado que ayuda a la reducción de glucosa en la sangre y grasa en la misma. Como si fuera poco, incrementa la fuerza y el tamaño de los músculos. Hasta este punto, pareciera que esta hierba milagrosa fue hecha para los que tenemos esclerosis múltiple, ataca síntomas que podemos experimentar con la depresión, problemas para conciliar el sueño, debilidad. Sin duda, la farmacia de Dios es más efectiva que las convencionales, hasta ahora.

No quiero que me malinterpreten, la terapia que uso actualmente para mi esclerosis múltiple ha sido muy eficiente, no sé qué hubiese sido de mí sin ella. Pero cabe mencionar que el ingrediente principal de esta es una proteína natural.

El cuarto beneficio es algo sorprendente para mí, mejora las funciones sexuales femeninas. La administración de *ashwagandha* mejora la excitación, lubricación, orgasmo y satisfacción, creo que está demás decir que donde hay satisfacción, por supuesto, hay orgasmo, o por lo menos es más fácil tenerlo. Sabemos claramente que uno de los problemas sexuales femeninos con esclerosis múltiple es la poca lubricación, y con este remedio natural se atiende esta carencia.

Y para los hombres, ¿qué? Esta hierba milagrosa, así la quiero llamar si obtengo los resultados esperados, aumenta y estimula los niveles de testosterona y fertilidad masculina. ¡Qué viagra, ni qué viagra!, aquí tenemos algo mejor, más barato y natural. Me he visto tentado a mencionar los estudios en mis notas, pero tal vez sea algo tedioso y aburrido. En mi página de Youtube, *Esclerosis múltiple en español,* hay un video de la *ashwagandha* y sus beneficios en la esclerosis múltiple. En la descripción del video tengo un *link* con los estudios que se realizaron con esta planta. En uno de ellos participaron hombres infértiles que mostraron cierta mejoría en su calidad de esperma.

La *ashwagandha* ayuda a mejorar ciertas funciones cognitivas como el enfoque y la memoria, y también las respuestas en las funciones motoras. Pareciera que Dios creó este producto natural específicamente para nosotros.

Como si el listado de beneficios mencionados anteriormente no fuera suficiente, se ha demostrado, además, que esta hierba milagrosa incrementa el VO 2, capacidad máxima de oxígeno cardio respiratorio, o dicho en un español más claro, la manera en cómo los pulmones y el corazón llevan oxígeno a los músculos incrementando su capacidad, lo que es oro para las personas con esclerosis múltiple y nuestra fatiga.

Las únicas personas que tal vez no puedan utilizar *ashwagandha* son las que son alérgicas a la misma, que no la toleran. Tampoco las que están embarazadas o lactando a sus criaturas. Tu médico, a través de pruebas, te podría decir si eres alérgico.

Otro de los suplementos naturales que tengo que mencionar es el magnesio, y con esto mato dos pájaros de un tiro, porque es bueno para la esclerosis múltiple y la depresión. El primer beneficio que veo a distancia es el dolor. Sabemos que las personas con esclerosis múltiple sufrimos de dolor en todo el cuerpo, hasta en el pelo. Y más cuando estamos en una terapia de modificación de la condición. El magnesio es buenísimo para aliviar esos dolores, causados por los medicamentos como efectos secundarios. Lo que hace el magnesio es que relaja los músculos y te relaja a ti. Este producto natural es un antiinflamatorio muscular y es increíble. Además, ayuda a que nuestro cuerpo absorba de manera más eficiente la vitamina D, tan importante y crucial para la esclerosis múltiple.

Magnesio antiinflamatorio y antidepresivo, como si esto no fuera poco, él mismo nos provee de energía. De hecho, la molécula que produce energía en las células y en nuestro cuerpo se llama ATP, pero su nombre completo es magnesio ATP. Esto quiere decir, o puedo yo inferir, que esta molécula de energía está compuesta de magnesio. Sabemos que los que tenemos esclerosis múltiple padecemos de fatiga, y lo que necesitamos urgentemente es energía. El magnesio, por otro lado, ayuda a mejorar nuestras funciones cognitivas, de hecho, el poco magnesio en nuestro sistema puede dañar nuestros neurotransmisores. Ayuda, además, a disminuir nuestra ansiedad, esta preocupación constante que podríamos experimentar. Nos ayuda con nuestra irritabilidad, mencionaba anteriormente, nuestros cambios de humor que forman parte de nuestros síntomas; el magnesio nos ayuda con eso también.

El uso de magnesio ayuda a todos en general, pero muy especialmente a los que tenemos esclerosis múltiple. Hay otros beneficios como la alta presión, para los dolores premenstruales, para la migraña, entre otros. El magnesio es otro de los suplementos naturales que no debe de faltar en nuestra dieta. Creo que está de más decir que el magnesio te ayuda con los calambres. Desde que comencé con el uso diario de magnesio mis calambres casi han desaparecido, parece que estoy exagerando, pero no. El tipo de magnesio correcto es el citrato de magnesio, porque el cuerpo lo absorbe de manera más eficiente.

Otro de los suplementos naturales que es muy beneficioso para las personas con esclerosis múltiple es el omega 3. Es un antiinflamatorio que se puede encontrar en el salmón y también en las sardinas. De hecho vale la pena mencionar que los orientales, en términos de demografía, son una población donde los casos de esclerosis múltiple son mínimos y su dieta y alimentación son principalmente mariscos, que contienen omega 3 y/o los ácidos grasos, y por ahí debe estar el secreto de por qué esta comunidad no es afectada por la esclerosis múltiple. El omega 3 es un ácido graso que se encuentra en algunos peces, principalmente es en el salmón donde su concentración es mayor.

En un estudio realizado con más de 300 personas, a la mitad de este grupo se le dio un medicamento placebo, o sea que no contenía omega 3, mientras a la otra mitad se le dio omega 3. En los participantes que recibieron omega 3 su condición de esclerosis múltiple no progresó hasta el punto de discapacidad, tuvieron menos ataques o brotes. El estudio se llevó por más de dos años con personas con esclerosis múltiple, por supuesto. Como mencionaba, el omega 3 es un antiinflamatorio, ayuda con la inflamación en nuestro cerebro causada por los ataques de nuestro sistema inmunológico a nuestro sistema nervioso.

El omega 3 se puede conseguir principalmente en el salmón, en las sardinas y en productos naturales en las farmacias. También se puede conseguir en el aceite de pescado pero su concentración es menor. El omega 3 es otro suplemento natural que no debe faltar en los hogares de personas con esclerosis múltiple. De hecho, se estudió si tiene algún efecto en la depresión y no tuvo ningún efecto favorable. Con lo cual, el omega 3 no es bueno para la depresión, pero sí para la esclerosis múltiple.

Otro suplemento natural que nos ayudará a las personas con esclerosis múltiple es la moringa. Se le conoce, también, como el árbol milagroso por sus propiedades medicinales. Una de esas propiedades es que es antiinflamatorio. Sabemos que la esclerosis múltiple es una inflamación en el cerebro o que nuestro cerebro está inflamado por los constantes ataques de nuestro sistema inmunológico a nuestro sistema nervioso. Por consiguiente, todo aquello que disminuya tal inflamación es más que bienvenido y será de beneficio para nosotros. Sin embargo, hay que tener un poco de cuidado, porque si tomamos suplementos naturales que ya son antiinflamatorios como el magnesio, la *ashwagandha*, el omega 3 y ahora la moringa, esto podría hacer que nuestros folículos en el cráneo se desinflamen demasiado y se comience a caer nuestro cabello. Si esto te está pasando, detente inmediatamente y reduce la dosis de tus suplementos. Además, siempre que estés tomando algún suplemento natural consulta con tu doctor primario, es muy importante.

La moringa contiene vitamina A, vitamina B1, vitamina B2, vitamina B3, vitamina B6, vitamina C, calcio, magnesio, potasio, fósforo, hierro, zinc, y esta combinación de vitaminas y minerales y demás hace que la moringa sea un suplemento natural muy especial para los que tenemos esta condición. Voy a mencionar los beneficios que tiene la moringa para la esclerosis múltiple, pero además otros beneficios para la población en general.

La moringa va a nutrir y proteger nuestra piel y sabemos que los medicamentos comunes en la esclerosis múltiple son principalmente inyectables. La moringa se utiliza para tratar el edema. La moringa, además, ayuda a proteger al hígado, es de común saber que los medicamentos para la esclerosis múltiple podrían dañar el mismo. Es por esta razón que nuestro neurólogo monitorea nuestro hígado cada vez que vamos a una cita o, por lo menos, debería. Ayuda con nuestro posible malestar estomacal, otro posible síntoma de la esclerosis múltiple. Ayuda a prevenir el cáncer, en este punto todo lo que ayuda a prevenir esta terrible enfermedad es bueno per se, sin contar todos los beneficios que se obtienen con nuestra condición.

Ayuda con las enfermedades bacterianas. Otro de los síntomas de la esclerosis múltiple son los trastornos de estado de ánimo. La moringa también es un antidepresivo natural, en este aspecto ya tenemos algunas opciones naturales. Ayuda a fortalecer los huesos, ya cuando estamos entrando en años y la osteoporosis asome su rostro, la moringa nos podría ayudar, otro beneficio que no tiene que ver con la esclerosis múltiple, pero que nos podría afectar sin duda. Ayuda con nuestro sistema cardiovascular, ayuda a que las heridas cicatricen con más rapidez. Como si fuera poco, ayuda a regular la glucosa en la sangre para los diabéticos. Como dije anteriormente, ayuda con elementos que no tienen que ver con la esclerosis múltiple, pero que sin duda mejorará tu calidad de vida.

La moringa nos asiste con nuestra fatiga ¿y cómo es esto posible? Bueno, al tener vitaminas Bs, estas convierten los alimentos en energía en lugar de convertirlos en grasa, te ayuda a perder peso y por consiguiente con el asma. Ayuda, además, con la presión alta. Ayuda con la salud en nuestros ojos; sabemos que con nuestra condición el nervio óptico se ve afectado, por lo tanto, todo suplemento natural que ayuda a la salud de nuestros ojos será más que bienvenido. Los efectos secundarios de la moringa son muy pocos, sin embargo, es muy importante que antes de comenzar con su consumo lo comentes con tu doctor de cabecera. Uno de los efectos secundarios de la moringa muy notable es —sí estás tomando medicamentos para bajar la presión y tomas moringa— que tu presión podría bajar demasiado y eso podría ser peligroso.

De igual forma, si estás tomando medicamentos para bajar el azúcar y tomas moringa, el azúcar podría bajar demasiado, lo que también sería peligroso. También podría ser peligroso para mujeres embarazadas o que planean estarlo. Es otro suplemento natural que no debería de faltar en nuestro botiquín.En mis lecturas he descubierto que una de las posibles causas de la depresión es la falta de vitamina B12. No sé si esto es lo que los científicos mencionaron como desbalance químico, en realidad, más que un desbalance químico es una carencia. La realidad es que todo nuestro cuerpo es controlado por nuestro sistema nervioso, no solo para las personas con esclerosis múltiple, sino para todos. Nuestro sistema nervioso está compuesto por células llamadas neuronas que nacen, se desarrollan y mueren. Este proceso dura aproximadamente 8 meses. Y en estos 8 meses deberían nacer otras neuronas. Estas neuronas se comunican entre sí, donde el cerebro crea mensajes que a través de las mismas y nuestro sistema nervioso se llevan a las distintas partes del cuerpo. Para que se dé esta reproducción o regeneración neuronal debe de haber buenos niveles de vitamina B12.

La deficiencia de vitamina B12 crea un descontrol en nuestro sistema nervioso teniendo como consecuencia la depresión y otras deficiencias emocionales. Esta deficiencia de vitamina B12 no solo causa depresión, sino que además imposibilita que se reparen los daños causados por la esclerosis múltiple, especialmente los daños a la mielina. Desmielinización es el daño que recibe la capa que cubre las neuronas, causando como cicatrices, raspaduras que causan que la comunicación en nuestro sistema nervioso, entre neurona a neurona, no se dé como debería; y esto causa algunos, si no todos, los síntomas de la esclerosis múltiple.Cierto es que el cerebro tiene la capacidad de regenerar la mielina, pero lamentablemente esto no se da si se tiene carencia de vitamina B12. Ahora tenemos que tener en consideración algunos aspectos importantísimos a la hora de consumir la vitamina. Primero tenemos que cerciorarnos de que la manera en que estamos tomando los medicamentos sea la correcta; en el caso de la vitamina B12, si se consume de manera convencional, como las otras vitaminas, nuestros jugos gástricos pueden y van a interferir con la absorción de esta.

Y la pregunta casi obligatoria es ¿por qué el cuerpo no puede absorber la vitamina B12? Para que el cuerpo pueda absorber la vitamina B12 necesita que el cuerpo produzca algo llamado factor intrínseco. Hay medicamentos que impiden la producción del factor intrínseco y estos medicamentos son metformina, actualmente utilizada en los diabéticos, antibióticos, antioxidantes, antiácidos. La manera correcta de consumir la vitamina B12 es de forma sublingual, o sea que se consume debajo de la lengua, donde la pastilla se disuelve y las membranas de la lengua la absorben de manera óptima. Esta vitamina B12 también se puede conseguir en gotas y en *spray*, que de igual forma se aplica debajo de la lengua y es absorbida de manera correcta.

Otro suplemento natural importante para la salud de nuestro sistema nervioso es el complejo B. Este es prácticamente un compuesto de vitaminas B que nos va ayudar con nuestra estabilidad emocional, dentro de ellas la vitamina B12.

El complejo B es capaz de producir energía, tan importante para nosotros y nuestra fatiga. Como si fuera poco, ayuda con los posibles daños nerviosos que podemos experimentar. Ayuda a eliminar el hormigueo en las manos, un hormigueo en las manos que para mí fue indicativo de que algo no andaba bien en mi cuerpo. Y creo que está de más decir que el complejo B te libera del estrés, mejora nuestras funciones nerviosas, modula nuestro estado de ánimo y nuestra sexualidad; y aquí pudiéramos ver cierta conexión con nuestra sexualidad y nuestro estado de ánimo.

Para mí, esta es la fórmula, receta para estabilizar nuestra salud emocional y alejar la depresión: regenerar la flora intestinal con probióticos, desintoxicación por medio del jugo de zanahoria, uso de vitamina B12 y complejo B, magnesio importante, *ashwagandha*, omega 3 y moringa. Pero falta algo: eliminar los elementos externos e internos que nos pueden quitar la paz.

Realmente no sé si al terminar de escribir las notas para este diario mi esposa seguirá siendo mi esposa, es muy difícil estar cuidando a un enfermo, más sin amor. Quiero traer el caso de Chester Bennington, que dijo en una de sus últimas entrevistas que su cabeza, ese lugar en medio de sus orejas, es un mal vecindario, él no debería estar ahí solo. «Cuando estoy dentro de mí, estoy mal —decía—, cuando estoy fuera de mí, estoy bien. Hay un Chester en mi cabeza que me quiere ver mal».

Recordemos que ese preciso momento en su carrera todo iba muy bien, era algo irreal pensar que se quitaría la vida. Somos nuestros peores enemigos, ese factor interno se convierte en un factor externo al quitarnos la vida, quitarnos esas ganas de vivir. Externo, porque todo está bien, aparentemente; factor interno porque yo no lo pienso así y de esta manera decido terminar con mi recorrido por este mundo. Pero mientras haya un sol, un mañana, un mejor mañana donde todo pueda ser posible en medio de toda esta oscuridad, habrá una luz que ilumine nuestros pasos.

No se trata de sacar ese yo que está en mi cabeza, pidiéndome que todo termine ya, porque soy yo, tal vez eso sea imposible. Pero sí lo podemos callar y reencontrar nuevamente juntos las ganas de vivir, como cuando éramos niños, espero que no sea demasiado tarde.

Balance Emocional Natural

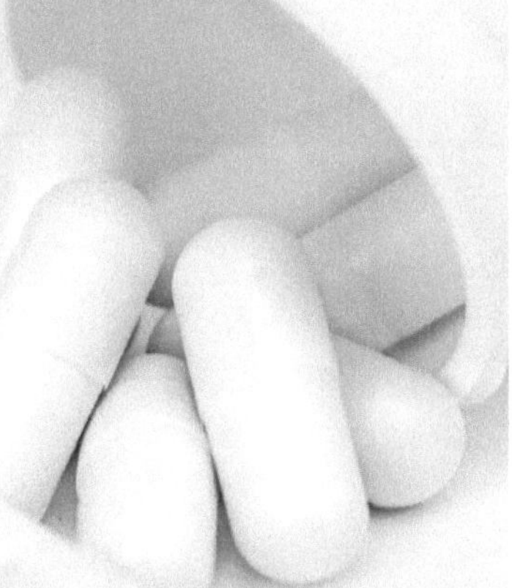

- **Desintoxicación con Jugo de zanahoria Dr. Ludwig Johnson 5 x 5**

- **Probióticos**

- **Prebióticos**

- **Omega 3**

- **Ashwagandha**

- **Moringa**

- **Vitamina B 12**

- **Complejo B**

- **Vitamina D**

- **Magnesio de Citrate , Glycinate**

www.ingramcontent.com/pod-product-compliance
Lightning Source LLC
Chambersburg PA
CBHW022117050726

47591CB00002B/820